SCRAPPY
CHURCH

＊별도의 표기가 없는 성경구절은 개역개정 성경을 인용한 것입니다.

살아나는 교회

교회연구가 톰 레이너가 말하는
침체된 교회 활기 찾는 법

톰 레이너 지음

아가페

Contents

....

감사의 말

먼저 독자들에게 감사드린다. 아무리 감사해도 부족하다는 생각이 든다. 거의 서른 권에 달하는 책이 나오기까지 독자들이 나와 함께했다. 그들은 내게 격려와 축복이 되었다. 나는 그들을 결코 가볍게 여기지 않는다. 또 하나님이 그분의 영광을 위해 내 책들을 계속 사용하시기를 기도드린다.

이 책은 대화와 인터뷰, 여러 교회지도자들의 견해로 구성되어 있다. 익명이 필요한 경우에는 이름을 바꾸고, 세부적인 내용의 일부도 변경했다. 여기 수록된 이야기 중에는 개인적인 것도 있고 혼합된 것도 있다. 나와 함께 이야기 나누고 웃고 때로는 함께 울었던 모든 분에게 감사드린다. 이 책은 그분들의 이야기다. 그들의 이야기는 많은 사람에게 지대한 영향을 미칠 것이다.

당신은 공세적인 교회 혁신의 일원이다. 이제 강력한 이야기가 시작되려 한다. 그것을 고대하라. 그것을 기다리라. 그리고 그 일원이 되라.

우리 하나님이 하실 위대한 일을 보라!

SCRAPPY CHURCH
GOD'S NOT DONE YET

Chapter 1
왜 당신의 교회에
소망을 가져야 하는가

········

'아마존닷컴'

이것은 다양한 감정을 일으키는 이름이다. 어떤 이들에게 이 이름은 엄청난 자료, 탁월한 배달방식, 놀라운 고객서비스, 불과 10년 전만 해도 알려지지 않았던 편리함 등을 의미한다. 아마존은 온 세상 사람과 함께한다. 그것은 미래의 구현이며 사회의 희망이다. 물질적인 세계에서 아마존은 이 세상의 왕이자 여왕이며 황태자다.

그러나 다른 이들에게는 아마존이라는 이름이 불공정함에 대한 두려움과 불신, 불안감을 불러일으킨다. 그들은 아마존을 혐오한다. 이 야수 같은 존재와 경쟁하려 든다면 특히 그럴 것이다. 이 짐승은 구멍가게들을 집어삼킨다. 사업체들을 연이어 무너뜨린다. 엄청난 자금력이라는 불공정한 이점을 가지고 있으며, 공권력의 뒷받침을 받아 유리한 위치를 차지한다.

당신이 전자의 범주에 속한다면, 아마존에서 보낸 상자가 도착할 때마다 기쁨의 탄성을 발할 것이다. 필요한 것을 사기 위해 멀리까지 가지 않아도 된다. 무료배송인 경우에는 웃음이 절로 난다. 결국 당신은 선택받은 사람인 '아마존 프라임'(Amazon Prime) 회원이 된다.

반면 후자의 입장이라면, 아마존에서 새로운 정책을 발표할 때마다 당신은 두려움에 떨 것이다. 아마존은 현대판 랭골리어(스티븐 킹의 소설에 나오는 괴물 – 역주)로 사업체들을 집어삼킨다. 가차 없고 인정 없으며 용서할 줄 모른다. 이들에게 걸려들면 잡아먹히고 만다. 혹시 운이 좋다면, 아마존 측은 아주 싼값으로 당신의 물품을 수매할 것이다. 그러나 어떤 식이든 당신은 살아남을 수 없을 것이다.

내 경우는 아마존으로 인해 정신분열증적 증상을 느낀다. 나는 오랜 아마존닷컴 고객이다. 여러 해 전에 모범 고객에게 보내는 자필 감사편지도 받았다. '프라임' 회원제가 많이 알려

지기 전부터 이미 그 회원이기도 했다. 또 나는 내향적인 성격이라 주변에 사람이 없는 상태에서 쇼핑하는 것을 매우 좋아한다. 고객으로서 나는 아마존을 정말 좋아한다.

그러나 나는 아마존의 반대편에 서 있다. 아마존 사람들은 내 경쟁자다. 내가 이끄는 회사도 작은 규모가 아니다. 매년 총수입이 5억 달러이고, 직원이 5천 명이다. 그러나 아마존에 비하면 우리는 너무나 미약하다. 나는 거대한 아마존이라는 엄연한 실재와 마주하면서 우리 회사를 이끌어야 한다. 나는 내 앞에 놓인 도전과 고충을 알고 있다.

아마존 세상에서의 희망

우리는 모두 아마존에 대한 이야기를 최소한 일부라도 알고 있다. 제프 베조스(Jeff Bezos)가 1994년 7월 5일에 이 회사를 시작했다. 미국독립기념일 다음날, 장차 많은 사람이 의존하게 될 이 단체가 시작됐다. 처음에 아마존은 온라인 서점이었다. 베조스는 차고에 책을 쌓아두고, 지역 서점으로 책을 사러 가는 우리의 시간을 절감해 주었다. 지난 4반세기에 아마존은 그 수효를 셀 수조차 없을 정도로 많은 산업에 손을 대고, 매우 다양한 서비스를 제공해 왔다. 일들이 획기적으로 전환됨에 따라, 아마존은 세계에서 컴퓨터를 통한 서비스를 가장 많이 제공하는 회사가 되었다.

그러나 아마존닷컴은 인터넷 서점으로 시작했다. 시작된 장소도 베조스의 차고였다. 따라서 만일 아마존을 무서워해야 하는 업체가 있다면, 아마 서적 소매상일 것이다. 그런데 체인망을 갖춘 대형 서점들이 아마존의 위세를 실감하고 있다. 인근 시내에서 보더스(Borders, 미국에 본사를 둔 국제적인 서점 체인 -역주) 서점을 찾아보라. 그러면 내 말을 이해할 것이다.

그러나 이처럼 막강해 보이는 아마존의 그늘에서 놀라운 일이 일어나고 있다. 그것은 독립 서점이 존속할 뿐 아니라 번성하는 곳도 많다는 것이다.

많은 사람이 이 사실을 목격해 왔다. 우리 중 대다수는 소규모의 독립 서점들이 사라질 거라고 생각했다. 그러나 그렇지 않았다. 오히려 번성하고 있다. 이제 이 되살아나는 탄력적인 사업과 관련되는 품목들이 많이 부상하고 있다.

그렇다면 소규모 독립 서점들은 어떻게 했는가? 그들은 아마존과 직접 경쟁하려 하지 않았다. '프라임' 회원권을 제공하지 않았고, 일부러 고가의 책을 팔지도 않았다. 그들은 무료배송을 제공하지 않았으며, 끝없는 스트리밍 영상으로 사람들의 구매를 부추기지도 않았다.

대신 지역사회와 접촉했다. 인근에 사는 사람들의 희망과 꿈을 반영하는 즐거운 행사를 열었다. 디지털 서비스가 아니라 매우 개인적인 서비스를 제공했다. 고객이 자신에게 필요한 책이 무엇인지 더 잘 이해할 수 있게 하려고 노력했다. 새로운 데이터에 의존하기보다 새로운 지역적인 아이디어로 반응했다.

물론 이 책은 아마존닷컴이 아니라 교회에 관한 책이다. 책판매가 아니라 지역사회에 다가가는 것에 대한 이야기다.

아마 당신은 내가 이 이야기에서부터 시작하는 이유를 알고 있을 것이다. 교회에 대해 다루는 이 책에서 왜 독립 서점에 대해 이야기하는지 파악했을 것이다.

희망을 제시하는 것이 이 책의 주된 목적이다. 지역 회중이 어떻게 그런 희망을 가질 수 있는지 이 책에서 생각해 보기 원한다.

우리 주변에 있는 희망

나는 다음과 같은 말을 많이 들어왔다.

"우리는 도심의 대형 교회와 경쟁할 수 없어!"

"우리 교회에서 두 구획 떨어진 곳에 새 교회가 생겼어. 그러지 않아도 이미 주변에 교회는 충분하다고!"

"인근에 대형 교회의 지교회가 또 생겼어. 이건 정말 부도덕한 것이야."

"우리는 어린 자녀를 둔 가정에는 다가갈 수가 없어. 그들은 모두 어린이와 학생들에게 필요한 것을 두루 갖춘 큰 교회로만 가거든."

"우리는 다른 교회에 비해 돈도 사람도 부족해."

나는 이런 말을 수없이 많이 들었다. 모두 절망의 말, 낙심의 말, 패배의 말, 두려움의 말이다.

솔직히 나는 그들의 말을 이해한다. 그것은 망상이 아니라 수많은 교회의 교인과 지도자들의 실제적이며 고통스러운 경험에 근거한 말이다. 그들이라고 이런 식으로 말하고 싶은 것은 아니다. 그들은 변화가 없고 서툴고 무기력한 교회의 평범한 모습을 탈피하고 싶어한다. 그들은 변화를 원한다. 자신의 교회가 변화를 일으키기를 원한다.

그들은 과연 소망이 있는지 알고 싶어한다. 하나님이 소망이시다. 하나님이 가능성이시다. 그러므로 답은 명백하다. 소망은 있다.

내가 이처럼 분명하게 말하는 데는 근거가 있다. 첫째, 무엇보다도 하나님은 당신의 교회에서 손을 떼지 않으신다. 하나님이 당신의 교회를 지금 그곳에 세우신 데는 이유가 있다. 당신은 정말 당신의 교회가 지역사회에서 강력한 역할을 하기를 하나님이 바라시지 않는다고 생각하는가?

둘째, 내가 이렇게 말하는 것은 다른 교회들의 이야기에 근거한 것이다. 소위 절망적인 교회들이 전격적으로 전환하는 경우를 나는 무척이나 많이 보아왔다. 온갖 암울한 징후에 과감히 도전하는 회중을 보았고, 할 수 없음을 다그치는 객관적인 사실에도 전혀 개의치 않는 교회들을 보았다.

나는 이처럼 전환하는 교회를 '공세적인 교회'(scrappy church)라 칭한다.

공세적인 교회와 미식축구 팀

나는 'scrappy'(공세적)라는 말을 좋아한다. 이것은 고등학교 시절 우리 미식축구 팀을 떠올리게 한다. 까마득한 과거의 이야기지만 조니에 대한 기억은 지금도 생생하다.

조니는 우리 팀의 쿼터백(quarterback, 공격팀의 리더로 전술을 지휘하는 선수 – 역주)이었다. 조니는 자연스럽게 그 포지션을 맡았다. 먼 거리에서 공을 건네받는 선수의 약 9미터 이내로 공을 던져줄 수 있는 사람은 조니뿐이었다. 그러나 찜통더위의 여름에 하루 두 차례 호된 훈련을 시작했을 때, 우리는 조니를 그다지 신뢰하지 않았다.

조니는 쿼터백을 맡아본 적이 없었다. 지난해 우리는 열 경기 중 두 경기를 이겼을 뿐이다. 우리가 한 경기도 이기지 못할 거라는 쪽에 내기를 거는 사람이 많았다. 결국 작년에 우리는 뛰어난 쿼터백이 없었기 때문에 경기 성적이 변변치 못했다.

그러나 조니는 공세적이었다. 조니는 치열하게 노력했다. 쿼터백을 위한 플레이북을 암기했다. 플레이북치고는 가장 어려운 책이었다. 조니는 열심히 달렸고 맹렬히 연습했다. 노력 부족으로 패배하지는 않겠다고 결심했다.

나머지 팀원들도 조니에게 자극 받아, 우리도 조니처럼 공세적인 선수가 되었다. 우리에게는 겨우 몸무게 70킬로그램이 조금 넘는 라인맨(offensive lineman, 쿼터백을 상대 수비수로부터 보호하는 선수–역주)이 있었지만, 그의 가로막는 기술은 탁월했다. 그는 자신보다 30킬로그램이나 더 나가는 상대 선수들을 거뜬히 막아냈다.

우리 라인배커(linebacker, 라인맨의 바로 뒤에서 수비하는 선수–역주) 중 한 명 역시 체중이 70킬로그램 정도였는데, 가히 태클 기계라 할 만했다.

나는 어땠을까? 나는 테일백(tailback, 러닝백 포지션 중 하나로 공을 받아 뛰는 선수–역주)이었다. 이는 러닝 플레이(running play, 공을 들고 상대팀의 진영으로 달려가 공격하는 일–역주)의 90퍼센트가량을 내가 책임져야 했음을 뜻한다. 당신은 의아하게 생각할 수도 있겠지만 그것은 사실이었다. 내가 라인배커에서 러닝백(running back, 라인 후방에 있다 공을 받아 달리는 공격팀의 선수–역주)으로 포지션을 옮긴 것은, 패스되는 공을 가로채 터치다운(touchdown, 공을 가지고 상대편의 골라인을 넘는 것–역주)을 위해 달려가는 모습을 코치가 여러 번 보았기 때문이다. 코

치는 내가 빨리 달릴 수 있으므로 러닝백을 맡아야 한다고 생
각했다.

그래서 나는 완전한 초보자로 시작해 주 대표팀의 일원이
되는 영예를 얻었다. 심지어 여러 단과대학에서 장학금 제의
를 두어 차례 받기까지 했다.

우리는 공세적인 리더 덕분에 공세적인 팀이 되었다. 다른
팀 선수들이 더 컸다. 그리고 더 빨랐다. 체력도 더 좋았다.

그러나 우리는 그들 대부분을 이겼다. 그리고 주 플레이오
프의 준준결승전까지 진출했다. 우리는 공세적이었다. 조니는
공세적인 것이 어떤 것인지 우리에게 보여주었다.

당신이 베이비붐 세대든 X세대든 혹은 밀레니얼 세대든, 분
명히 1993년에 나온 유명한 영화 〈루디 이야기〉(Rudy)를 보
았을 것이다. 실화를 바탕으로 한 이 영화의 주인공 루디 루에
티거는 난독증에 체중미달인 소년으로, 그의 온 가족은 노트르
담대학 미식축구에 열광적이었다. 루에티거 가족은 '파이팅 아
이리쉬'(노트르담대학의 운동팀들―역주)의 열렬한 팬이었다. 고
등학교 졸업 후 루디는 노트르담대학에 응시했으나 낮은 성적
때문에(난독증 탓이 컸다) 낙방했다. 설령 입학했더라도 그의 체

구로는 파이팅 아이리쉬의 선수가 되기에는 역부족이었을 것이다.

그러나 루디는 포기하지 않았다. 그는 관례를 무시했다. 루디는 인근의 홀리크로스대학에 들어갔고, 2년 후에는 노트르담대학에서 입학허가를 받았다. 그뿐 아니라 투지를 불태워 마침내 어릴 적부터 꿈꿔온 무대에 서게 되었다.

이제 당신은 분명 궁금해질 것이다. 그렇다면 공세적인 교회란 어떤 교회일까?

공세적인 교회: 하나님의 능력이 함께하는 교회

공세적인,

활기찬,

끈질긴,

결단력 있는,

집요한,

지속적인

아마 감 잡았을 것이다. 이런 교회의 지도자와 교인들은 포기를 거부한다. 그 회중 가운데는 가까운 장래에 최상의 날이 올 거라고 진심으로 믿는 이들도 있다. 물론 그들은 낙심하기도 한다. 그러나 그들은 매주 교회에서 하나님의 능력이 임하시는 것을 보면서, 현재와 미래에 기대감을 갖는다. 그들은 한계를 보지 않고 하나님의 가능성을 본다.

켄트는 뉴욕 변두리 지역에 위치한 교회의 목사다. 7년 전 켄트가 그 교회로 가려 했을 때 여러 사람이 만류했다. 그러나 그는 부정적인 말을 하는 사람들이 아닌 하나님께 순종하기로 결심했다. 그곳으로 갈 것을 고려하면서 켄트는 그 교회의 몇몇 교인과 이야기를 나누었다. 그의 이야기는 기억할 만한 것이다.

"그 교회는 줄곧 쇠퇴하고 있었어요. 소위 전성기에는 출석 인원이 거의 300명에 달했다는데, 내가 그 교회로 가려고 생각할 무렵에는 100명가량으로 줄어든 상태였죠."

그 무렵 켄트는 교회의 몇몇 지도자와 이야기를 나누면서 무척이나 놀랐다.

베스는 그 교회에 다닌 지 40년 이상 되었다. "베스는 지역사회에 다가갈 수 있는 기회에 대해 이야기하기 시작했어요. 지역민을 모두 알고 있었고, 어떻게 하면 교회가 그들을 위해 사역할 수 있는지에 대한 계획도 있었죠. 베스의 비전은 강력하고 설득력 있었어요."

켄트는 밀트와도 놀라운 대화를 나누었다. 밀트는 그 교회에 다닌 지 3년이 채 되지 않았지만, 그 역시 들뜬 마음으로 가능성을 피력했다. "밀트는 교회 주변의 이웃을 잘 이해하고 있었어요. 인구통계적인 면에서 전문가는 아니었지만, 인근지역에 대해 직관적 감각을 지니고 있었어요. 나는 하나님이 그의 아이디어에 개입하고 계심을 볼 수 있었습니다."

"좋아요. 켄트 목사님." 우리가 물었다. "그중에 비관론자는 없었나요? 어쨌든 그 교회는 거의 70퍼센트나 인원이 줄었어요. 모든 대화가 그처럼 낙관적이었나요?"

켄트가 웃으며 말했다. "물론 그 교회에는 낙심한 사람이 많았어요. 그 교회가 살아남지 못할 거라고 노골적으로 말하는 사람들도 있었죠. 소망을 품은 사람은 소수였는데, 그들은 하나님에게서 힘을 얻는 소수였죠!"

하나님에게서 힘을 얻는 소수. 당신은 이 표현을 사랑해야 한다. 어쩌면 당신은 그 교회의 즉각적인 전환에 대한 이야기를 기대할 수도 있을 것이다. 그러나 정확히 말하자면 그렇지 않다. 켄트의 말을 들어보자.

> "첫 3년 동안은 매우 힘들었어요. 초기에는 정서적으로 많은 상처를 입었어요. 그러나 하나님은 우리의 비전이 사장되지 않게 하셨죠. 4년째에 실제적인 전환이 나타나기 시작했어요. 8년째인 지금에 이르러, 우리는 지역사회에서 하나님나라를 위한 군대 역할을 제대로 하고 있습니다. 우리 교회의 출석 인원은 거의 전성기 때처럼 늘어나 300명 가까이 됩니다. 하지만 우리의 전환은 단순히 수적인 면에서만 나타난 것이 아닙니다. 수효 그 이상이었죠."

이 책의 나머지 부분을 켄트의 이야기에 국한시킬 수도 있겠지만, 이 책의 목적은 더 큰 데 있다. 나는 수많은 공세적인 교회의 이야기를 들려주고 싶다. 대부분의 사람이 포기한 곳에서 하나님이 하시는 일을 보여주고자 한다. 여기저기서 들리는 지엽적인 이야기보다는 소망과 관련된 전반적인 이야기를 들려주려 한다.

더 나아가기 전에, 공세적인 교회들의 '이전과 이후' 모습을 살펴보자. 불가능하다고 말하는 상투적인 견해를 뒤집는 여섯 가지 전환을 소개하면 다음과 같다.

전환 1: 핑계에서 주인의식으로

프레드는 달라스의 메트로플렉스 인근에 있는 교회를 섬긴다. 그 지역에는 적지 않은 사람이 산다. 그는 자신이 그 교회를 맡기 시작했을 때 핑계거리가 엄청 많았음을 인정한다.

"내가 얼마나 핑계를 대고 있는지 나는 미처 몰랐어요." 프레드가 말했다. "몇 달 동안 나는 리더로 사역할 기회로 인해 마음이 잔뜩 들떠 있었죠. 그 교회의 출석 인원은 지난 10년 동안 275명에서 130명으로 줄어들었어요. 나는 내가 들어가서 전환을 주도할 수 있을 거라고 생각했어요. 그때까지만 해도 나는 교회에서 지도목사 직을 맡아본 적이 없었고, 언제나 스태프 역할을 담당했죠. 나는 그동안 내가 섬겨온 목사님들이나 그 교회 전임 목사님들보다 내가 더 잘할 수 있다고 믿을 정도로 교만했어요." 그는 잠시 말을 멈추었다. "하지만 내 생각이 틀렸어요. 완전히 틀렸죠."

그 교회는 약 6개월 동안 회복의 조짐을 약간 보였으나, 다시 쇠퇴의 양상으로 돌아갔다. 프레드는 어떤 반응을 보였을까?

"핑계죠." 그가 딱 잘라 말했다. "온갖 핑계를 댔어요."

그는 그 핑계들을 열거하기 시작했다. "나는 큰 교회들과 경쟁할 수 없었어요. 이것이 첫 번째 핑계였죠. 큰 교회들은 우리보다 더 많은 프로그램을 제공했어요. 나는 우리 교회를 떠나간 교인들에게서 그런 이야기를 구체적으로 들었어요."

프레드가 계속해서 말했다. "그다음 핑계는 우리 이웃이었죠. 이웃이 두 가지 방식으로 변하고 있었어요. 먼저, 교인들에 비해 소득이 적은 이웃들로 변해 갔어요. 우리 교회에 출석하는 사람들은 대부분 몇 킬로미터 떨어진 곳에서 차를 타고 왔어요. 둘째, 소득이 많은 사람들이 이 지역의 주택을 매입해 개축했어요. 이런 변화를 가리켜 고급주택화(gentrification, 도심에서 가까운 낙후 지역에 고급스러운 상업 및 주거 지역이 새로 형성되면서 원래의 거주자들은 다른 지역으로 쫓겨나게 되는 변화-역주)라고 한다는 걸 나중에 알게 되었죠."

그래서 그 지역에는 먼저 저소득 주민들이 여러 해에 걸쳐 이주해 들어왔다. 그다음에는 고급주택화라는 새로운 추세로 고소득 주민들이 점점 더 많아졌다.

"맞아요." 그가 말했다. "나는 두 가지 방식으로 핑계를 댔어요. 우리는 처음에는 저소득 주민들에게 다가갈 수 없었고, 나중에는 고소득 주민들에게 다가갈 수 없었어요. 나 자신을 골디락스증후군(Goldilocks syndrome, 뜨겁지도 차갑지도 않은 적당한 상태에 안주하려는 성향─역주)의 희생자로 만들고 있었어요. 주민들의 소득이 '적당하지' 않는 한 우리에겐 기회가 없었던 셈이죠."

이제 그 교회는 건강한 길을 걷고 있다. 물론 여전히 여러 도전에 직면하지만 정말 고무적인 궤도로 나아가고 있다. 그 전환을 촉진시킨 것이 무엇인지 프레드에게 물었다.

"하나님이 우리를 일깨우셨어요." 그가 대답했다. "기도 중에 내가 하나님을 의지하지 않고 핑계에 의존하고 있음을 깨달았습니다. 하나님이 우리 교회를 이 지역에 세우신 데는 이유가 있어요. 나를 이곳으로 보내신 데도 이유가 있고요. 나는 하나님이 내게 주신 리더십에 대한 책임을 지기로 결심했죠. 핑계를 떨치고 나아가기로 마음먹었어요. 내 새로운 태도가 전환의 시작이었습니다."

정말 그렇다. 그것이 바로 전환의 시작이었다.

전환 2: 장애물에서 협력자로

만일 우리가 사람을 다룰 필요가 없다면 교회 이끌기가 훨씬 더 쉬울 것이다. 상투적인 말이지만 사실이다. 사람을 다루는 것은 번잡한 일이다.

우리는 교회에서 사람을 다루어야 할 뿐 아니라 그들을 인도하며 또한 사랑해야 한다. 정말 힘들 수 있는 것이 바로 그들을 사랑하는 일이다.

교회에는 비판자가 있을 수 있다. 약자를 괴롭히는 사람도 있을 수 있다. 신뢰할 수 없는 변덕스러운 사람도 있을 수 있다. 솔직히 교회에 그런 사람이 그다지 많지는 않지만, 사역을 엉망으로 만드는 데 문제 교인이 그리 많아야 하는 건 아니다. 사도 바울은 고린도교회의 문제 교인들을 다루었던 방법을 우리에게 알려준다. 교회 신자들이 몸의 지체와 같음을 아름답게 비유한(고전 12장) 직후에, 그는 우리가 서로 어떻게 대해야 하는지를 상기시키기 위해 다음과 같이 썼다.

사랑은 오래 참고 사랑은 온유하며 시기하지 아니하며 사랑은 자랑하지 아니하며 교만하지 아니하며 무례히 행하지 아니하며 자기의 유익을 구하지 아니하며 성내지 아니하며 악한 것을 생각하지 아니하며 _ 고전 13:4-5

이 말씀을 이해하겠는가? 우리는 교인들을 조건 없이 사랑해야 한다. 그들은 우리의 장애물이 아니다. 우리의 협력자여야 한다.

패트릭은 오클라호마에서 목사로 섬긴다. 하나님이 교회에 교인들을 주신 데는 이유가 있음을 그가 이해하는 데는 어느 정도 시간이 걸렸다. 그들은 그리스도 몸의 지체다. 그들은 우리의 협력자여야 하고, 우리는 그들을 사랑해야 한다.

그는 이렇게 말했다. "하나님이 우리 교회에 교인들을 주신 데는 이유가 있음을 깨달았을 때, 내 관점이 변했습니다. 나는 그들에게 자신의 이야기를 들려달라고 부탁하기 시작했죠. 교회를 위한 그들의 꿈에 대해서도 듣고 싶었어요. 그다음에 나는 하나님이 우리 교회에 주신 꿈에 도달하기 위해 우리가 어떻게 협력할 수 있는지 그들에게 묻곤 했습니다."

패트릭은 잠시 깊은 생각에 잠겼다 말을 이었다. "바로 그것이 우리에게 일어난 전환의 비결이었다고 나는 믿어요. 하나님은 우리 교인들을 위한 새로운 마음을 내게 주셨어요. 그들은 더는 내 장애물이 아니었어요. 교회를 위한 꿈의 일부였죠. 우리 교회는 진정으로 다시 꿈꾸기 시작했어요."

전환 3: 제약에서 풍성함으로

당신의 교회에는 필요한 모든 것이 있다. 정말 그렇다. 달리 표현하면, 당신이 앞으로 나아가기 위해 필요한 모든 자원을 하나님이 당신의 교회에 주셨다.

당신에게는 충분한 돈이 있다.
당신에게는 충분한 사람이 있다.

당신에게는 적절한 시설이 있다.

당신에게는 다가갈 사람이 충분히 있다.

당신의 교회에는 적절한 연령대의 사람들이 있다.

당신에게 충분한 자원이 없다고 불평하는 것은 전혀 도움이 되지 않는다. 다른 어떤 것이 있기만 하면 교회가 훨씬 더 나아질 거라고 생각하는 것도 마찬가지다. 제약에 얽매이는 사고방식은 당신의 리더십에 제약을 초래한다.

당신은 물론 이 성경 구절을 알 것이다. "나의 하나님이 그리스도 예수 안에서 영광 가운데 그 풍성한 대로 너희 모든 쓸 것을 채우시리라"(빌 4:19). 그러나 당신은 이 말씀이 당신이 이끄는 교회에 적용된다고 믿는가? 성경말씀이 다른 교회와 지도자에게는 적용될 수 있지만, 당신의 교회와 리더십에는 적용될 수 없다고 생각하는가?

당신의 교회에는 당신이 앞으로 나아가는 데 필요한 모든 것이 있다. 당신에게는 교회를 앞으로 나아가도록 이끄는 데 필요한 모든 것이 있다. 당신이 생각하는 제약보다 하나님의 풍성하심을 진정으로 믿는 지도자가 되라.

전환 4: 좌절에서 기쁨으로

마커스가 말했다. "나는 어느 정도 순진한 생각으로 직업적인 사역을 시작했지만, 하나님의 교회를 섬기는 건 정말 신나는 일이었어요. 언제부터 내가 삶의 상황으로 인해 기쁨을 잃기 시작했는지 정확히 알 순 없습니다. 그러나 그렇게 되고 말았죠. 교회의 취약한 부분에 대해 낙심하게 되었어요. 나는 부정적인 것에 자주 몰두했어요. 내 관점과 태도가 모조리 고약해졌습니다."

마커스는 특히 자신의 태도가 변했음을 기억한다. 그는 빌립보서를 공부하는 중에 4장 4절과 8절을 읽게 되었다. "주 안에서 항상 기뻐하라 내가 다시 말하노니 기뻐하라 … 끝으로 형제들아 무엇에든지 참되며 무엇에든지 경건하며 무엇에든지 옳으며 무엇에든지 정결하며 무엇에든지 사랑받을 만하며 무엇에든지 칭찬받을 만하며 무슨 덕이 있든지 무슨 기림이 있든지 이것들을 생각하라."

"그 말씀이 마치 1톤짜리 벽돌더미처럼 나를 쳤어요." 마커스가 말했다. "나는 잘못된 것들에 몰두하고 있었어요. 하나님이 내게 몰두하기 원하시는 것보다 부정적인 것에 초점을 맞추고 있었죠. 내게 일어난 주요한 태도 변화가 바로 이것입니다. 내가 바뀌니 교인들도 내 인도를 따라 즐거운 태도를 갖게 되었어요. 놀라운 경험이었죠."

우리는 마커스처럼 말하는 사람을 많이 보았다. 중요한 건 지도자의 태도 변화였다. 대개 공세적인 교회에는 하나님의 능력 안에서 공세적인 태도를 취하기로 결심하는 지도자가 있는 것 같다.

전환 5: 두려움에서 용기로

"제 이름은 로저고, 저는 겁쟁이예요." 이렇게 말하면서 로저는 미소를 지었다. 그는 한 교회의 목사로서 당시 자신이 어떻게 두려움에 사로잡히게 되었는지 기억하고 있었다. 로저의 이야기는 그가 쉰다섯 번째 생일을 맞은 4년 전으로 거슬러 올라간다.

"나는 내 생일이 전혀 기쁘지 않았어요." 그가 고백했다. "55세가 넘은 목사에게 관심을 갖는 교회는 없다는 얘기를 그동안 동료들에게서 많이 들었어요. 나는 낙심되었어요. 심지어 두려움 속에 살아가기 시작했죠."

그 무렵 로저는 그 교회를 2년째 섬기고 있었다. 교회는 거의 알아차리지 못할 정도로 서서히 쇠퇴하고 있었다. 교인들은 대체로 만족해했다. 교인들을 대체로 만족한 상태로 유지시키고 배를 흔들지 않는 것이 사실상 그의 전략이 되었다.

그의 리더십 아래(아마도 리더십이 부족했다고 말하는 것이 더 정확할 것이다) 교회는 서서히 그리고 계속적으로 쇠퇴해 갔다. 더는 현상 유지가 힘들다는 것을 그는 깨달았다. 오랫동안 일해 온 직원을 예산 부족으로 내보내야 했다. 로저는 더 깊은 두려움에 빠져들었다.

그러나 우리가 로저와 대화를 나누던 시점에, 그 교회는 건강한 궤도에 올라 있었다. 전환점을 돌았던 것이다. 로저는 인간 중심의 두려움 대신 하나님께 얻은 확신으로 교회를 이끌고 있었다. 우리는 전환점이 무엇이었는지 물어보았다.

그의 대답은 '펙'이라는 간단한 한마디였다. 펙은 로저의 아내다. 남편의 삶과 사역에 닥친 곤경을 보면서, 그녀는 남편에게 직설적으로 말했다.

"아내는 물러서지 않았죠." 로저가 당시를 회상했다. "아내는 우리의 비전을 잃을 바에야 차라리 일자리를 잃겠다고 말했어요. 그리고 성경말씀을 읽어주었어요. 그때 들려준 여호수아 1장 9절이 지금도 기억납니다. '내가 네게 명령한 것이 아니냐 강하고 담대하라 두려워하지 말며 놀라지 말라 네가 어디로 가든지 네 하나님 여호와가 너와 함께하느니라 하시니라.'"

로저는 잠시 멈추고 나서 다시 말했다. "펙은 내가 하나님을 신뢰하지 않기 때문에 두려워하며 하나님께 불순종하면서 살아가고 있다고 말했어요. 내가 의지한 건 하나님이 아니라 일자리였던 거죠."

그는 다시 미소 지었다. "나는 아내를 정말 사랑해요. 아내의 말이 옳았어요. 내게 꼭 필요한 말이었죠. 나는 두려움 대신 믿음과 용기를 가지고 다시 교회를 이끌었어요. 내년이면 60대에 접어들지만, 나는 하나님이 다음에는 어떻게 인도해 주실지 그 어느 때보다 더 기대하고 있답니다."

전환 6: 불가능에서 가능으로

"내게 능력 주시는 자 안에서 내가 모든 것을 할 수 있느니라"(빌 4:13).

나는 원래 이 책의 제목을 'The Impossible Turnaround Church'(불가능을 전환하는 교회)로 정하려 했다. 많은 교회가 온갖 난관에도 믿을 수 없을 정도로 잘 해나가고 있다는 뜻을 담고 있는 것이 정말 좋았다. 그러나 우리 출판 담당자는 그 제목을 좋아하지 않았다. 너무 일반적이며, 여러 다른 방식으로 받아들일 수 있는 제목이라고 말했다.

그의 말이 옳았다. 그래서 우리는 *Scrappy Church*로 제목을 정했다. 전환하는 교회의 특성을 잘 나타내 주기 때문이다.

그러나 대부분의 사람이 불가능하다고 생각할 때, 이 교회들이 하나님의 가능성을 보여주었다는 개념을 나는 여전히 좋아한다. 자신의 리더십을 신뢰와 관심으로 변화시키기 위해 지도자들이 단행했던 심오한 결단과, 이 교회들이 자체의 쇠퇴나 몰락이 불가피하다는 판단을 거부했다는 개념을 좋아한다. 중소형 교회가 종종 대형 교회의 그늘에서도 살아남아 번성하게 되었다는 개념을 나는 좋아한다.

그들은 불가능에서 가능으로 전환했다. 더 좋게 말하면, 그들은 인간의 불가능에서 하나님의 가능으로 전환했다.

그렇다면 그들은 어떻게 그렇게 할 수 있었을까? 무엇이 그들을 변화시켰을까? 그들이 전환을 도모하지 못한 다른 교회들과 다른 점은 무엇일까? 공세적인 교회로 스스로 준비시키기 위해 그들은 어떻게 했을까?

이 모두 중요한 질문이다. 나는 다음 장에서 이 질문에 답하고자 한다.

Chapter 2
공세적인 교회를 위한
준비

————

1940년 여름이었다. 히틀러가 나치의 유럽 침공을 이끌고 있었다. 그 과정에서 여러 나라가 연거푸 무너졌다. 프랑스가 패배했다. 그다음은 영국의 순서가 분명했다.

윈스턴 처칠이 영국 수상이 된 지 얼마 되지 않은 시점이었다. 히틀러와의 협상을 모색하려는 영국 지도층의 생각에, 전시 내각과 의회는 물론 처음에는 조지 6세까지 동조하고 있었다. 문명의 흐름이 이제 막 전환하려는 참이었다.

처칠도 실은 히틀러와의 평화 협상에 대해 생각했다. 그러나 밤잠을 설쳐가며 숙고한 결과, 악한 독재자와의 협상이 허망함을 알게 되었다. 그런 움직임은 굴복이나 다름없었다. 만일 영국이 무너지면 히틀러의 세상이 될 것이었다.

그는 굴복하려 하지 않았다. 처칠은 열정적으로 의회에 간청하고, 연설을 통해 영국 국민 전체에게 호소했다. 영국은 그의 리더십을 따랐다. 예상되는 온갖 난관에도 영국은 독일에 대항하기로 결정했다. 히틀러와 그 세력을 물리치는 데 그로부터 5년이 걸렸지만, 포기하지 않도록 한 사람이 확신을 불어넣었던 바로 그날에 역사의 흐름이 바뀌었다. 결코, 결코, 결코 포기하지 말라.

역사의 경로가 바뀌었다. 문명화는 새로운 노선을 택했다. 결코 포기하지 말라. 결코. 결코. 결코.

끈질기고 공세적인 교회

물론 완벽한 비교는 아니다. 제2차 세계대전으로 인한 도전과 많은 교회가 겪는 곤경은 매우 다르다. 나도 그 점을 이해한다.

그러나 오늘날 자신의 교회가 살아남을 수 있을지를 우려하는 교회지도자와 교인이 많다. 그들은 낙심한 상태다. 좌절감에 빠진 사람이 많다. 그들은 좋은 날은 이미 다 지나갔다고 생각한다.

그처럼 비관적이며 패배적인 태도에도 나름 근거가 있다. 교회의 3분의 2 이상이 쇠퇴하고 있다. 미국에서는 매주 약 100~150개의 교회가 문을 닫는 것으로 추정된다. 좌절의 한숨을 쉴 만도 하다.

간신히 버티고 있는 교회에서도 많은 지도자가 허탈감을 느낀다. 작은 교회가 큰 교회보다 훨씬 더 많지만, 매주 큰 교회에 출석하는 사람의 수가 더 많다.[1] 작은 교회에서 큰 교회로 이동하는 사람이 많은 것이 분명하다.

교회지도자와 교인들은 큰 교회의 위세를 실감한다. 그들은 젊은 가족들이 자녀와 십대를 위한 사역과 프로그램이 다양하게 구비된 교회로 옮기는 것을 본다. 큰 교회의 건물이 더 멋지고 새로워지는 모습을 본다.

그들은 그것을 보고 느낀다. 그리고 그것을 안다. 과연 희망이 있을까? 작은 교회들이 앞으로 나아갈 수 있을까? 대형 교회가 지배하는 듯한 세상에서 중소형 교회가 살아남을 수 있

---

1 http://hirr.hartsem.edu/American-Congregations-2015.pdf

을까?

그 대답은 절대적으로 '그렇다'다. 내가 이렇게 답하는 것은 단순한 감정이나 그릇된 희망에서가 아니라, 하나님의 일하심에 대한 분명한 증거가 있기 때문이다. 비록 공세적인 교회의 수효가 여전히 비교적 적지만 점점 늘어가고 있다. 나는 공세적인 교회가 점점 늘어나는 추세를 곧 보게 될 거라고 확신한다.

그러면 이 공세적인 교회에서 볼 수 있는 특징은 무엇일까? 몇 가지를 살펴보자.

공세적인 교회는 자신의 교회를 향한 하나님의 계획이 여전하심을 믿는다

공세적인 교회의 지도자는 자신과 회중이 직면한 어려움을 모르지 않지만, 하나님이 여전히 자신의 교회에서 일하고 계심을 확신한다. "우리 교회가 지금 이곳에 있는 데는 이유가 있어요." 한 목사가 말했다. "우리는 우연히 여기에 있는 것이 아니에요. 우리는 지역사회를 변화시키기로 결심했어요. 그리고 지금 앞으로 나아가고 있습니다."

그런 교회가 전진하고자 할 때 도전에 직면할까? 그 목사는 크게 웃으며 말했다. "물론 그렇죠. 우리가 쇠퇴하고 있을 때 직면했던 똑같은 문제를 전환하는 과정에서도 많이 겪고 있어요. 우리에겐 여전히 자원이 부족해요. 변화를 거부하는 교인들도 여전히 있어요. 비판하는 사람도 여전히 많습니다."

그는 잠시 멈추었다 말을 이었다. "하지만 우리 교회에는 하나님이 원하시는 일에 초점을 맞추기로 결심한 사람이 많아요. 우리는 지상명령에 순종해야 해요. 비판적이며 부정적인 말을 하는 사람들에게 신경 쓸 시간이 없어요. 우리를 위한 하나님의 계획에 초점을 맞추어야 해요."

그가 결론적으로 한 말은 공세적인 교회의 공통적인 생각을 보여준다. "우리는 하나님이 우리 교회를 위한 계획을 여전히 갖고 계심을 온 마음으로 믿어요."

공세적인 교회를 앞으로 나아가게 하는 것은 교회를 위한 하나님의 집요하신 계획이다. 그들은 자신의 사명을 하나님이 주신 것으로 알며, 실제로도 하나님이 주신 것이기 때문에 단념하지 않을 것이다.

공세적인 교회는 전환을 위해 기도한다

공세적인 교회의 공통적인 특징 중 하나는 기도에 많이 의존한다는 것이다. "우리 자신의 힘에 의존하고 있음을 우리는 깨달았어요." 마가렛이 말했다. 그녀는 전환을 경험한 어느 공세적인 교회의 교인이다. "우리는 교회를 위해 간절히 기도하기 시작했어요. 24시간 연속 기도로 시작했지만, 그 후에도 기도는 계속되었습니다. 사실 우리는 하나님이 우리 교회를 지역사회는 물론 그것을 넘어서까지 사용해 주실 것을 지금도 기도하고 있어요. 우리가 기도하며 하나님을 의지할 때 일어나는 일은 놀라워요."

물론 어떻게 이 교회들이 기도로 전진하고 있는지 정확히 알 수 있다면 좋을 것이다. 그러나 식별할 수 있는 형태는 없다. 부흥을 위해 기도에 집중하는 방식은 교회마다 다르다.

비록 방법론은 다르지만, 많은 공세적인 교회에서 기도는 중요한 주제다. 초대교회에서도 많은 교인이 기도에 집중했다. 사실 공세적인 교회는 사도행전 2장 42절을 자주 인용한다. "그들이 사도의 가르침을 받아 서로 교제하고 떡을 떼며 오로지 기도하기를 힘쓰니라."

공세적인 교회에서 기도는 재고 사항이 아니다. 그 교회들은 강력히 기도하는 분위기로 가득하다.

공세적인 교회는 다른 교회를 소중히 여긴다

"새로운 교회나 대형 교회의 지교회가 인근에 생길 때마다 나는 화가 나곤 했어요." 해럴드는 자신의 강점을 인정했다. 그는 전환을 경험한 교회의 목사다. "나는 사람들을 만날 때마다 투덜거리곤 했어요. 이 지역에는 또 다른 교회가 필요 없다고 말이죠."

해럴드에게 무엇 때문에 이 문제에 대한 그의 태도가 변했는지 물었다. 그는 미소 지으며 말했다. "제 아들 덕분이죠. 아들 제임스는 애리조나에서 목회해요. 우리는 자주 대화를 나눠요. 내가 다른 교회에 대해 불평하는 말을 아들은 여러 해 동안 들었어요. 어느 성탄절에 아들 가족이 한 주간을 우리와 함께 보냈어요. 아들은 우리 교회 주변의 인구통계 자료를 내게 보여주었어요. 그리고 우리 지역민 중에 교회에 다니는 사람이 얼마나 되는지 알려주었죠."

그 자료의 내용은 어떠했을까? 해럴드는 한숨을 쉬었다.

"우리 지역민 중 80퍼센트 이상이 교회에 다니지 않고 있어요. 그중 대부분은 불신자일 겁니다. 아들은 다른 말을 할 필요가 없었죠. 나는 창피했습니다. 우리 지역에는 교회가 너무 많은 게 아니에요. 지역민에게 다가갈 교회가 부족한 형편이죠. 내가 괜히 화를 내며 시기했던 겁니다. 그것이 내 리더십에 영향을 미쳤어요."

그다음에는 어떻게 되었을까? "극적인 변화가 있었다고 말하고 싶어요." 해럴드가 말을 이었다. "하나님은 이 문제에 대해 여러 차례에 걸쳐 나를 바로잡아가셨어요. 내 완고한 마음이 녹기 시작했죠. 이제 나는 하나님나라를 위한 사명에 있어 다른 교회들을 우리의 동료로 봐요. 그들은 우리의 경쟁자가 아닙니다. 내 마음의 변화가 우리 교회의 전환을 위한 열쇠였다고 생각해요."

해럴드의 이야기는 공세적인 교회에서 공통적으로 나타난다. 이 주제는 이 장 끝부분에서 좀 더 살펴볼 것이다.

공세적인 교회는 외부에 초점을 맞추려고 매우 노력한다

공세적인 교회에서 우리가 알게 된 중요한 사항이 있다. 많은 자원을 지상명령을 위해 투입하기 시작했다는 것이다. 조이의 이야기가 이 변화의 특징을 보여준다.

"나는 우리 교회가 전형적인 교회였다고 생각해요." 조이가 말을 시작했다. "전형적이라는 말은 우리가 서서히 쇠퇴하고 있었다는 뜻이에요. 우리는 대부분의 시간과 예산을 우리 자신의 필요를 해결하는 데 할애했어요. 지역민에게 다가가려는 노력은 매년 열리는 두 가지 큰 행사 중 하나에서만 행할 뿐이었죠. 우리 지역사회에서는 봄철에 품평회를 열고, 12월에는 성탄절 시즌 행사가 있어요. 하지만 그때 말고는 오직 우리 자신에게만 초점을 맞췄어요. 우리는 그러한 일을 지속적으로 진행하기보다는 주기적인 행사로 여겼습니다."

그런데 어떻게 변화를 경험하게 되었을까? "현실이 변화시켰죠." 조이가 말했다. "우리 교회가 서서히 쇠퇴하고 있다는 것은 직원을 모두 그대로 고용할 수 없음을 뜻했어요. 결국 시설물마저 유지할 수 없음을 의미했죠. 그 모든 것이 우리를 일깨웠습니다." 그는 잠깐 멈추었다 다시 말했다. "그 시점에 우리가 큰 부흥을 경험하고, 하나님이 우리를 순종으로 이끄셨다고 말할 수 있으면 좋겠지만, 그런 일은 일어나지 않았어요. 우리는 우리가 붙들려고 노력하는 교회가 사라지려는 것을 보았어요. 서글프게도 우리를 일깨운 것은 바로 그 현실이었어요."

이야기를 계속하는 중에 조이의 말에 현저하게 열정이 실리는 것을 느꼈다. "하지만 하나님은 우리의 좌절감을 그분의 영광을 위해 사용하셨어요. 우리는 우리 교회를 구하기 위해 시역민에게 더욱더 다가갔지만, 하나님은 우리로 지역사회에 다가가게 하기 위해 우리의 좌절감을 사용하셨습니다. 다른 사람들에게 다가가기 위해 우리의 시간과 돈을 더 많이 들일수록, 지역사회에 미치는 우리의 영향력이 더 뚜렷해졌어요."

이제 그 교회는 지역사회를 활기차게 섬긴다. 조이는 말을 이었다. "지난 4년가량을 돌아볼 때, 우리는 지역사회에 다가가 섬기기 위해 엄청난 자원을 투자했어요. 예전에 비해 네다섯 배는 늘어났죠."

사실 외부에 초점을 맞추기 위해 자원 투자를 늘리는 것은 공세적인 교회에서 볼 수 있는 공통적인 모습이었다. 점진적인 변화로는 되지 않았다. 전격적인 변화여야 했다.

그리고 그 전격적인 변화가 지역사회에 다가가기 위해 자원 투자를 늘리도록 새롭게 회중을 이끌었다.

준비를 위한 청사진

한편 나는 교회들이 공세적인 교회로 나아가는 것을 도울 수 있는 상세한 행동 계획을 제공하기를 원한다. 그러나 그런 공식적인 접근은 모든 교회의 상황이 동일함을 전제로 한다. 나는 교회의 다양성을 존중하며, 결코 그들을 획일적인 시각으로 보고 싶지 않다.

그러나 우리는 공세적인 교회에 대한 정보를 많이 가지고 있다. 사실 우리에게는 지도자들이 그 방향으로 나아갈 준비를 갖추게 하기 위한 청사진에 대한 정보가 충분하다. 청사진이란 좀 더 확실하며 실제적인 그 무엇을 나타내는 것임을 명심하라. 그것이 모든 상황에 통용되는 도구는 아니다. 그러나 앞으로 나아감에 있어 매우 유용하며 심지어 필수적이다.

수많은 공세적인 교회를 통해, 우리는 전환하는 교회의 공통적인 유형을 발견했다. 그것을 적절히 도식화하면 계속적인

순환 유형으로 그릴 수 있다. 우리는 이것을 '전환 사이클'이라
부른다.

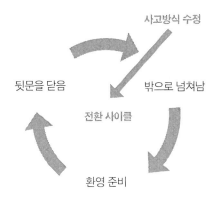

이 사이클의 각 지점을 살펴보겠지만, 먼저 사고방식 수정
에 대해 숙고할 필요가 있다. 그것이 교회지도자의 전환에서
출발점인 경우가 많기 때문이다. 솔직히 이 예비적인 수정 없
이는 전환 사이클 자체가 소용이 없다.

사고방식 수정

"내 태도에서 가장 문제 되는 게 뭔지 모르겠어요." 벤이 고

백했다. 우리는 전환을 경험한 그의 교회에 대해 최대한 많이 배우기 위해 그를 인터뷰하고 있었다. 그 목사는 계속 말을 이었다. "어떤 날은 피해의식에 사로잡혔어요. '우리 교인들은 나를 지원하지 않아' '나는 더 큰 교회들과 경쟁할 수가 없어' '우리 교회는 자원이 부족해' 같은 것들이었죠. 나는 이런 피해의식에 진력났어요."

벤의 허심탄회한 이야기가 이어졌다. "미쳐버릴 것 같은 날도 있었어요. 그런 때는 나 자신을 주체할 수가 없어요. 페이스북에 분노를 표출하곤 했지요. 소셜 미디어에서 떠들어대느라 엄청나게 많은 시간을 허비했죠. 내 그런 모습에 아내가 당혹스러워하기도 했어요. 그럴 때면 나는 아내에게 화를 냈고, 우리는 언쟁을 벌이곤 했죠. 나는 끔찍한 목사였고 끔찍한 지도자였어요."

그러나 벤은 전환 교회의 목사로서 8년째 섬기고 있었다. 전환이 시작된 것은 그가 그 교회에서 목회한 지 5년째 되던 해부터였다. "실제적인 전환은 4년째 되던 해에 내 생각 속에서 이루어졌답니다." 그가 말했다.

그것은 의미심장한 말이었다. 그 교회가 가시적인 전환을 맞기 1년 전에 벤의 사고방식이 전환되었다. 우리는 정확히 무슨 일이 일어났는지 상세히 알려달라고 부탁했다.

"나는 한 선교사가 말하는 것을 들었어요." 이제 그의 목소리는 차분히 가라앉아 있었다. 벤은 기억을 더듬느라 집중했다. "그 선교사는 핍박받는 교회에 대해 말했어요. 그 자신이 개인적으로 겪은 시련을 들려주었죠. 동아프리카의 선교지에 아들을 묻어야 했던 이야기를 했어요. 그리고 그가 여전히 그리스도의 신부인 교회를 얼마나 사랑하는지 말해주었습니다."

벤은 잠시 멈추고 그때를 회고했다. "나는 부끄러웠습니다." 벤이 부드럽게 말했다. "내 태도와 행동이 부끄러웠죠. 나는 자기 연민과 분노로 시간을 허비하고 있었어요. 하나님이 바로 내 앞에 선교지를 주셨는데도 나는 문제점만 탓하고 있었어요. 나는 가슴이 아팠어요."

만약 벤의 태도 변화가 교회의 전격적인 전환을 야기했다면 이야기는 더 흥미로울 수도 있다. 그가 비판하거나 의심하는 자들에 직면하지 않았다면 더 흡족한 이야기가 될 수도 있다. 그러나 공세적인 교회에 대해 이야기할 때 우리는 솔직해야 한다. 벤은 여전히 비판자들과 마주쳤고, 그것은 지금도 여전하다.

그러나 변한 것은 벤의 태도였고, 이러한 도전에 대응하는 방식이었다. 벤이 옳았다. 그가 그리스도의 마음으로 인도함 받기로 다짐하면서 그의 생각이 전환되었다. 그리스도의 마음을 지니면 피해의식에 사로잡힐 수가 없다. 자원이 부족하다는 결론을 내릴 수가 없다. 화를 내며 살 수가 없다.

벤이 섬기는 공세적인 교회에 대한 이야기는 갑작스럽지도 극적이지도 않다. 벤이 그 교회의 목사가 되었을 때, 평균 예배 참석인원은 160명이었다. 이는 350명이던 1980년대에 비하면 많이 감소한 수효였다. 그가 목회를 시작한 후로 4년 동안 예배 참석인원이 지속적으로 감소해 135명에 이르렀고, 결국 1년 동안은 그 지점에서 정체 상태로 머물렀다.

8년째인 현재, 벤은 기쁨과 만족을 느끼고 있다. 그 교회는 그가 섬긴 지 6년째 되던 해에 성장하기 시작했다. 최근 평균 예배 참석인원은 180명 정도다. "이렇게 성장해 기뻐요." 벤이 말했다. "하지만 참석인원보다 교회의 건강이 더 중요하죠. 나는 하나님이 여러 가지 면에서 우리 회중을 통해 일하심을 보고 있어요. 우리는 지역사회에 영향을 미치고 있답니다. 만일 오늘 우리 교회가 없어진다면, 이웃 사람들이 우리를 그리워할 거예요. 아마도 슬퍼하는 이웃이 많을 겁니다."

벤은 미소를 지었다. "몇 년 전에는 이렇게 말할 수 없었어요. 만일 그때 우리가 사라졌다면, 이웃 중 누구도 알아채지 못했을 겁니다. 요즘은 그렇지 않아요. 우리는 이웃에게 영향을 미치는 교회죠."

앞 장에서 우리는 공세적인 교회 지도자들이 조성하는 전환의 사례에 주목했다. 이제는 인터뷰와 대화를 통해 발견한, 사고방식 수정과 관련해 가장 공통적인 다섯 가지를 살펴보자.

핑계를 멈추었다 공세적인 교회의 지도자와 교인 중에는 많은 에너지와 시간을 핑계대는 데 허비했다고 회상하는 이가 많았다. 그 핑계들은 결과적으로 적절한 행동을 취하지 못하게 만들었다.

그 핑계 중에는 공통적인 것이 많다. '우리는 자원이 충분하지 못하다' '지역민들이 결코 우리 교회에 오지 않을 것이다' '우리에겐 건실한 지도자가 없다' '우리 교회의 시설물은 너무나 초라하다' '변화를 이끌기에는 우리가 너무 미약하다' 같은 것이다.

공세적인 교회의 지도자와 교인들은 핑계를 멈추고 행동으로 옮겼다. 그것이 항상 쉽지만은 않았다. 아니, 사실 그것은 대체로 쉽지 않은 일이었다. 그러나 그들은 사고방식을 수정했다. 그리고 거듭한 결과, 그 결실이 보이기 시작했다.

다른 사람들에 대한 비난을 중단했다 목사와 교회지도자들이 가장 비난하고 싶었던 대상 중 하나는 바로 교인들이었다. '우리 교인들은 리더십을 따르지 않아' '교인들은 우리가 시도하는 변화를 모조리 거부해' '그들은 자신에게 맡겨진 일과 사역을 도무지 행하려 하지 않아' '걸핏하면 부정적이고 비판적인 말을 해' 등이다.

어떤 목사는 자신이 교인들처럼 생각할수록 그들의 상태가 더 나빠졌다고 말했다. 반면, 그가 그리스도의 렌즈로 그들을 보기 시작했을 때, 자신뿐 아니라 그들의 태도도 변하기 시작했다는 것이다.

그 외에 흔한 비난의 대상은 다른 (주로 더 큰) 교회, 교단, 지역사회, 문화, 신학교 등이다. 공세적인 교회 지도자들은 비난 게임을 스스로 중단했다. 비난 게임은 전혀 유익하지 않다. 단지 문제를 악화시킬 뿐이다.

자신의 교회를 다른 교회와 비교하기를 멈추었다 이 점에 대해 한 목사가 잘 말해 주었다. "우리 교회를 다른 교회와 비교하는 한, 나는 하나님이 우리 교회에서 하고 계신 일을 결코 찬양할 수 없었어요." 그렇다. 우리는 다른 교회들에게서 배울 수 있지만, 그것은 우리 교회를 그 교회와 비교하는 것과는 다르다. 다른 교회들에게서 배우는 것과 비교하는 것은 예리하게 구분된다.

다른 교회와의 비교는 종종 결핍감, 시기, 낙담, 분노를 초래한다. 이런 결과는 전혀 건전하지 않다! 한 교회지도자가 자꾸 비교하고 싶은 마음이 들 때 했던 일을 나는 정말 좋아한다. "자꾸 비교하고 싶어질 때, 나는 하나님이 우리 교회에서 어떻게 일하고 계시는지에 초점을 맞추려고 의도적으로 노력했어요. 빌립보서 4장 8절을 지침으로 삼았죠."

비판자들을 더 건전한 방식으로 대했다 공세적인 교회의 지도자는 모두 비판자들에게 훼방받지 않는다고 말하는 건 사실과 다를 것이다. 오히려 그들 중 거의 전부가 정반대로 말했다. 비판자들은 여전히 악취를 내뿜으며 여전히 상처를 준다.

비판자들과 관련해 공세적인 교회 지도자들이 언급한 세 가지 주제가 있다. 첫째, 그들은 비판자들을 위해 지속적으로 기도했다. 그 기도가 비판자들을 항상 변화시킨 것은 아니지만, 공세적인 교회 지도자를 변화시킨 건 분명했다.

둘째, 그들은 비판에 대해 곰곰이 생각하지 않았다. 빌리 그레이엄이 죽기 전 마지막으로 만났을 때, 나는 그의 생애와 사역 전반에 걸쳐 비판에 어떻게 대처했는지 그에게 물어보았다. 그는 비판자들과 그들의 가시 돋친 말에 집중하지 않았다고 간단히 말했다. 그는 앞으로 나아가기만 했다.

셋째, 공세적인 교회 지도자들은 가능한 한 많은 시간을 외부에 초점을 맞춘 활동에 할애했다. 한 지도자의 말이 가슴에 와 닿는다. "나는 결코 비판을 즐기지 않을 뿐 아니라, 다른 사람들과 지역사회에 다가가는 일에 온전히 집중하기 때문에 비판자들에 대해 생각할 시간이 없어요. 내부에 집중하는 것은 내가 지도자로서 할 수 있는 최악의 일입니다."

계속 배우는 사람이 되었다 이 점은 점점 더 명백해지고 있다. 전환을 경험한 건전한 교회의 지도자는 매일 배우고자 한다. 그들은 책을 읽는다. 직접적으로나 간접적으로 콘퍼런스에 참석하며 멘토링을 받는다. 그들은 배움 공동체의 일원이다. 너무 바빠 지속적으로 배울 시간이 없다는 교회지도자의 이야기를 들을 때마다, 우리는 그가 교회를 잘 인도하고 있지 않을 거라고 생각한다.

종종 우리는 전환하는 교회에서 이 문제가 핵심임을 본다. 그런 교회의 지도자는 지속적으로 배울 결심을 한다. 지도자가 배울 때 교회에 유익이 된다. 교회가 유익을 얻을 때 그 교회는 전환 과정을 시작한다.

공세적인 교회에 지속적으로 배우는 지도자가 없는 경우는 거의 없다. 사실 지도자의 전환은 종종 교회의 전환으로 이어진다.

구조의 필요성

공세적인 교회는 지속적으로 앞으로 나아가게 해주는 구조가 있어야 한다. 효과적인 구조는 외부를 향한 올바른 구조(밖으로 넘쳐남)와 환영을 위한 올바른 구조(환영 준비) 그리고 흡수를 위한 올바른 구조(뒷문을 닫음)를 포함한다.

밖으로 넘쳐남

이제 전환 사이클로 돌아가 '밖으로 넘쳐남'에 대해 생각해 보자. 이 표현을 주의 깊게 선택한 데는 이유가 있다.

첫째, 이것은 교회가 지역사회에 더 많이 초점을 맞추고 있음을 나타낸다. 외부에 초점을 맞추는 것은 대위임명령(마 28:18-20)과 지상명령(행 1:8) 둘 모두에 대한 성경적 반응이다.

둘째, 외부에 초점을 맞추는 것은 교인들의 수고가 홍수처럼 외부로 범람하는 것이다. 우리는 전환하는 교회들의 경우, 외부를 향한 노력이 네 배 정도 늘어나는 것을 보았다. 예컨대, 한 교회에서 지역사회를 위한 사역에 교인 10명이 일주일에 1시간씩 할애한다면, 이는 그 교회가 외부에 초점을 맞추는 일에 매주 10시간을 할애함을 뜻한다.

그런 교회가 전환하는 교회가 되면 그 시간은 매주 40시간 이상으로 늘어난다. 아마 더 많은 교인이 지역민들에게 다가 갈 것이다. 또 그런 시간을 늘리는 교인도 있을 것이다.

전환하는 교회나 공세적인 교회의 자원이 외적으로 증가하는 것이 아니다. 기존의 자원이 극적으로 변한다. 즉, 새로운 방향으로 넘쳐나는 것이다. '밖으로 넘쳐남'의 몇몇 사례는 다음과 같다.

- 지역민을 교회로 초청하도록 교회가 체계적인 방법으로 교인들을 이끈다. 우리에게는 교회에 도움이 되는 'Invite Your One'(www.InviteYourOne.com)이라는 자원이 있다.
- 교회가 ESL(제2외국어로서 영어 교육)이나 지역 공립학교와의 자매결연 같은 중요한 사역을 지역사회에서 시작한다.
- 교회가 지역사회의 심각한 문제를 다루는 사역을 개발한다.
- 교회가 매일 만나는 사람들과 복음적인 대화를 나누도록 교인을 훈련시킨다. 이 주제에 관한 탁월한 책 중 하나는 지미 스크로긴스(Jimmy Scroggins)가 쓴 *Turning Everyday Conversations into Gospel Conversations*(매일의 대화를 복음 대화로 전환하기)다.
- 교회가 지역사회를 위해 시설물을 활용한다. 마크 클리프턴은 지역사회 아이들의 생일파티를 위해 공간을 제공했던 전한 교회에 대한 이야기를 종종 들려준다. 그 아이들의 부모들이 그 점을 매우 좋아했다.

이 같은 예는 무수하다. 핵심은 교인들의 시간 사용에 의미심장한 변화가 일어난다는 것이다. 때로는 교회 예산에서도 유사한 의미 있는 변화가 일어난다.

그러나 그것은 단순한 변화가 아니라 넘쳐남이다.

환영 준비

전환 사이클에서 '환영 준비' 국면은 매우 중요하다. 환영 준비란 예배에 참석하려고 오는 손님들을 교회가 받아들일 준비를 하고 있음을 뜻한다. 지역민들과의 관계를 발전시키려고 많은 노력을 기울이고서, 정작 그들이 예배에 참석하려고 방문할 때 좋지 않은 인상을 주는 것은 안타까운 일이다.

환영 준비는 우리의 태도와 깊이 관련된다. 우리는 다른 사람을 대할 때 기도하는 마음으로 예수님의 관점에서 대해야 한다. 손님들에게 종의 태도를 보이고, 그들의 방문을 기뻐하며, 그 사실을 그들이 알게 해야 한다.

뒷문을 닫음

이것은 흡수를 위한 조치다. 우리는 지역사회에 다가간다.

손님들을 환영한다. 그러나 우리는 그들을 지키기 위해 하나님의 능력 안에서 가능한 모든 일을 해야 한다. 우리는 그들이 이따금 방문하는 손님이나 결국 떨어져 나가는 이들이 아니라, 그리스도 몸의 한 지체로서 기능하기를 바란다(고전 12장).

전환 사이클의 세 지점을 위한 구조적인 효율성에 대해서는 이 외에도 다룰 내용이 많다. 이는 공세적인 교회가 전환하는 교회가 되는 데 필수적이다. 다음 세 장에서는 이 세 가지 중요한 주제를 하나씩 살펴볼 것이다. 그러기에 앞서 당신의 교회에 소망이 있다는 점을 한 번 더 상기시키고 싶다.

추신: 이웃 교회의 부흥

공세적인 교회에서 실제로 일어나는 일들을 상세히 언급하는 과정에서, 우리는 그 세부적인 내용에 갇혀 길을 잃거나 큰 그림을 놓칠 수 있다. 큰 그림이란 대형 교회의 그늘에서도 중소형 교회가 점점 더 늘어나고 있다는 놀라운 현실이다.

이웃 교회들이 부흥하고 있다. 당신의 교회가 현 주소에 위치한 것은 우연이 아니다. 나는 이 책과 같은 주제를 다루는 샘

레이너(Sam Rainer)의 *Unexpected Comeback: The Surprising Return of the Neighborhood Church*(예기치 않은 컴백: 이웃 교회의 놀라운 회복)를 읽어보기를 권한다.

이 추신을 쓰는 것은, 당신의 교회와 같은 교회들에서 행하시는 하나님의 사역을 상기시키기 위함이다. 당신이 지닌 소망을 상기시키고자 함이다. 또 이렇게 상기시키는 것은 큰 그림을 기억하게 하기 위함이다. 하나님은 당신의 교회를 포기하지 않으셨다. 당신의 지도력도 포기하지 않으셨다. 이 큰 그림을 늘 명심하라.

이제 다음 세 장에서는 공세적인 교회의 세 가지 주요 강조점을 살펴볼 것이다.

Chapter 3
밖으로 넘쳐나는
공세적인 교회

여러 해 전에 나는 앤톤을 만났다. 그는 러시아에서 학생 비자를 받아 처음 미국에 왔다. 원주민에게는 당연한 것도 새로운 문화를 접하는 사람은 잘 이해하지 못하기 마련이다. 나와 두 친구가 앤톤을 데리고 저녁식사를 하러 갔을 때도 그런 일이 있었다.

우리가 택한 식당은 '세 가지' 메뉴를 주문하는 곳이었다. 처음 주문할 때 샐러드, 앙트레(entrée, 메인요리−역주), 디저트를 고르면 된다. 우리 미국인 세 명은 그렇게 골랐다. 앤톤은 우리가 주문하는 모습을 유심히 지켜보았다. 이제 그의 차례였다.

그런데 그는 샐러드와 앙트레와 디저트 대신 그는 앙트레

셋을 주문했다. 주문받는 직원은 친절하되 분명한 어조로 말했다. "그렇게 세 가지를 주문하실 수는 없습니다." 앤톤은 기분이 상한 것 같았다. "그렇게 주문할 수 없다고요?"

내가 끼어들었다. 어색한 상황이었지만, 나는 앤톤의 주문대로 해달라고 직원에게 말했다. 그의 앙트레 3인분 값을 내가 지불할 생각이었다.

주문한 음식이 나왔다. 앤톤에게는 접시 세 개가 놓였다. 세 접시에는 각각 400그램 정도의 스테이크용 가슴살과 커다란 농어구이, 그리고 구운 치킨이 담겨 있었다. 그리고 각 접시마다 사이드 메뉴가 둘씩 포함되어 있으므로, 앤톤 앞에 놓인 사이드 메뉴는 모두 여섯 개였다. 거기다 디저트가 셋이었다.

앤톤은 자신 앞에 놓인 많은 접시를 잠시 들여다보고는 고개를 들었다. "난 도저히 감당하지 못하겠어요." 더듬거리는 영어로 그가 말했다.

앞서 말했듯이 공세적인 교회는 외부에 초점을 맞춘다. 대개 그들은 외부에 초점을 맞추는 일을 네 배 이상 늘린다. 내가 다른 지도자들에게 이렇게 말하면, 종종 그들은 멍하니 바라보거나 놀란 표정으로 입을 벌린 채 쳐다본다. 그것은 마치 앤톤처럼 말하는 것과 같다. "난 도저히 감당하지 못하겠어요."

외부에 초점을 맞추는 일을 늘린다는 개념은 불합리하고 바람직하지 않으며 어쩌면 불가능해 보일 수도 있다. 그러나 공세적인 교회는 대부분 그렇게 했다. 그처럼 엄청난 일을 이 교회들이 어떻게 해냈는지 살펴보자.

잠시 전환 사이클로 되돌아가 보자. 사이클이란 한 점에서 다른 한 점으로 움직이되 계속해서 같은 방향으로 움직이는 어떤 것이다. 전환 사이클에서 각 점은 '밖으로 넘쳐남' '환영 준비' 그리고 '뒷문을 닫음'이다. 간단하게 이해하기 위해 나는 이 사이클이 한 점에서 다른 점으로 움직이는 것처럼 묘사했다.

그러나 실제 삶의 경험에서는 그 경로가 그렇게 분명하거나 간단하지 않다. 각 점이 다른 점들과 상호작용을 한다. 예컨대, 만일 당신의 교회에서 뒷문 닫는 일에 관심을 기울이려면, 대개 환영 준비와 외부적인 문제(밖으로 넘쳐남)에도 신경을 쓰기 마련이다. 각 점은 다른 점들에 긍정적이든 부정적이든 영향을 미친다.

따라서 전환 사이클을 조금 더 정확히 도식화하면 다음과 같다.

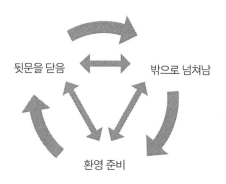

뒷문을 닫음 ↔ 밖으로 넘쳐남

환영 준비

이 도식이 다소 복잡해 이해하기 힘들 수도 있다. 그러나 요점은 간단하다. 이 사이클의 한 부분에 관여할 때, 대개 우리는 세 부분 모두에 관여하는 셈이다. 이 전환 사이클의 한 부분을 어떻게 감당하는지가 다른 두 부분에도 영향을 미친다.

밖으로 넘쳐남: 많은 교회가 허우적대는 이유

앞서 언급한 대로 대부분의 공세적인 교회는 외부로 초점을 맞추려는 노력을 네 배 정도 늘렸다. 고전하고 있는 교회의 목사들에게 이 점을 말하면 대개 불신의 반응을 보인다.

"잠깐만요." 콜로라도 출신의 한 목사가 큰 소리로 말했다.

"우리 교인들은 한 달에 두 번 참석하는 것도 힘들어해요. 한 달에 총 두세 시간 정도 할애할 뿐이죠! 지금 목사님은 우리가 지역사회에 다가가는 시간을 네 배 정도 늘려야 한다고 말씀하시는데 그건 불가능해요!"

많은 목회자가 지쳐 있다. 교인들은 너무 분주하다. 눈코 뜰 새 없이 바쁘게 산다. 교회가 뭔가를 더 해야 한다고 누군가가 당신에게 말하면 당신은 시선을 피한다. 그리고 낙심한다. 당신은 그 어느 때보다 더 절망감을 느낄 수 있다. 이런 상황에서 다음 두 가지 사항을 기억할 필요가 있다.

첫째, 당신은 분주함을 효율성으로 대체하도록 교회를 인도할 필요가 있다. 교회 달력을 보라. 거기에 적힌 모임들을 보라. 매주 얼마나 분주한지를 보라. 과연 그것이 절대적으로 필요한가? 솔직히 생각해 보라. 분주한 교회 행사의 일부를 없앤다고 교회가 큰 어려움에 처하겠는가?

나는 안다. 무엇인가를 없애려 할 때 당신은 갈등을 느낄 것이다. 어떤 활동과 사역은 없앨 수 없다. 그러나 단순히 분주하게만 할 뿐인 것들도 있다. 최소한의 고통으로 그런 것을 없앨 수 있겠는가? 손쉽게 딸 수 있는 과일이 무엇인가? 더 나은 어떤 것을 위한 여지를 얻기 위해 지금 중단할 수 있는 일은 무엇인가? 많은 교회에 필요한 것은 단순히 좋은 일을 위대한 일로 대체하는 것이다.

앞서 언급한 사고방식 문제를 다시 생각해 보라. 분주함을 제거하는 데 당신이 장애물 역할을 하고 있지는 않은가? 당신은 지혜와 용기를 보일 필요가 있는가? 평범하게 살아가기에는 인생이 너무 짧다. 분주한 일 중 일부를 단순화하며 없애도록 교회를 이끌라.

둘째, 교인들은 자신이 의미 있는 무엇인가를 하고 있다고 느끼면 힘을 보탤 것이다. 교인 대부분은 영향력 있는 어떤 일에 동참하기를 원한다. 그리고 자신이 영향을 미치기를 원한다. 소위 '적극적'이라는 말을 듣는 교인이라도, 만일 그가 한 달에 두 번씩만 참석한다면 자신이 교회에 영향을 미친다고 생각하지는 않을 것이다.

젊은 부부들은 자녀의 축구 연습을 위해 필요한 일이라면 무엇이든 기꺼이 할 것이다. 그것은 그들에게 정말 중요한 일이다. 그중에는 그것을 교회 출석보다 더 중요하게 여기는 사람도 많다. 물론 우리는 그런 생각이 잘못되었음을 안다. 그래서 그런 생각에 분노와 좌절을 표현할 수 있다. 그러나 더 의미 있는 일, 영향을 미치는 일을 하도록 제안할 수도 있다.

이 젊은 부부들이 1980년과 2000년 사이에 태어난 밀레니엄 세대에 속한다는 점을 기억하라. 그 인원수는 무려 7,800만으로 미국에서 가장 많은 세대다. 그 자녀들까지 합하면 엄청난 수효다! 우리는 그들에게 다가감으로써 변화를 일으킬 수 있다. 공세적인 교회가 바로 그렇게 한다. 당신의 교회가 할 수 있는 것이 바로 그런 일이다.

전환 사이클을 다시 보자. '밖으로 넘쳐남'에 대해 진지하게 생각해 보자.

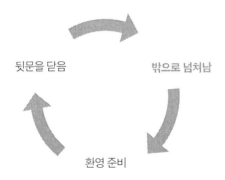

Chapter 3 _ 밖으로 넘쳐나는 공세적인 교회

밖으로 넘쳐나는 공세적인 교회

교회에 전환이 필요할 때 서서히 움직여서는 안 된다. 교회 지도자들은 밖으로 넘쳐나는 사역에 매진해야 한다. 근사한 이야기지만, 이것이 실제로는 어떻게 진행될까?

우리는 먼저 모든 교회에 똑같이 적용되는 견본은 없음을 인정한다. 그것은 전원만 켜면 자동으로 가동되는 식의 해결책이 아니다. 그러나 우리는 유용한 범주를 제시할 수 있다. 당신의 교회가 지역사회에서 어떻게 하면 외부에 더 많이 초점을 맞출 수 있을지를 생각한다면, 세 가지 측면을 고려하라. 즉, 지속적인 측면과 주기적인 측면 그리고 특별한 측면이다. 공세적인 교회는 이 중 한두 가지만을 선택하지 않는다. 모든 면에 관여해야 한다.

공세적인 교회는 지속적으로 외부에 초점을 맞춘다

그 교회는 ESL 사역에서 특출했다. 1년 중 10개월 동안 수십 명의 교인이 이 사역에 참여했다. 그중 대부분은 그 사역에 열정적이었다. 수잔이 우리에게 말했다. "예전에는 그런 사역에 참여해 본 적이 전혀 없어요. 내가 만나는 사람들은 별의별 이유로 미국에 온답니다. 전 세계에서 오죠. 그건 놀라운 경험이에요."

그러나 수잔은 ESL 사역을 교회와 무관한 것으로 생각한다. 저녁에 교회 시설에서 학생들을 만나지만, 수잔은 아무도 예배에 초청하지 않았다.

ESL 사역은 교회가 지속적으로 외부에 초점을 맞출 수 있는 좋은 기회다. 그러나 교회와 의도적으로 연결되지 않는 한, 그것은 지속적인 사역이라는 의미에서 벗어난다. 그렇다면 외부에 지속적으로 초점을 맞추는 것이란 무엇인가? 그것은 네 가지 요소로 이루어진다.

1. 그 사역에 많은 교인이 참여한다 '많은'이라는 수식어에 대해서는 저마다 다르게 생각할 수 있지만, 그것은 교회의 소그룹 사역 그 이상을 의미한다. 그 사역은 많은 교인의 이목을 끈다. 그 사역의 영향력이 그들의 눈에 보이기 때문이다. 많은 교인이 열심히 사역에 참여한다. 그들은 그 사역이 영향력을 발휘하는 것을 본다.

2. 그 사역은 1년 내내 진행된다 외부에 초점을 맞추는 사역

이 꾸준히 지속된다. 물론 가끔은 중단될 때도 있지만 대부분 매월 진행된다. 그 사역에 열정적이어서 기꺼이 1년 내내 참석하려는 평신도 자원자들이 함께한다면 그것은 비교적 쉬운 사역이다.

3. 그 사역은 교회 정체성의 일부다 그 사역이 줄곧 지속되기 때문에, 많은 지역민이 그 사역으로 그 교회를 정의한다. 즉, 'ESL 교회' '지역사회에서 빵 사역을 하는 교회' '회복 사역을 하는 교회' 등이다.

4. 그 사역은 전략적이면서도 의도적으로 교회와 연결되어 있다 많은 교회가 실패하는 부분이 바로 이것이다. 앞서 언급한 ESL 사역의 경우처럼, 교회가 그 사역 대상자를 전체 회중과 연결하려는 의도적인 노력을 기울이지 않는다. 본질적으로 교회는 지역 회중 사역과 더불어 흩어지는 교회(parachurch)로서의 사역도 한다. 그러나 안타깝게도 이 두 사역은 서로 상승작용을 하거나 통합되기보다 경쟁적이며 상충하는 모습을 보인다. 그렇게 되면 이 둘은 유익보다 해를 더 많이 끼칠 수 있다. 공세적인 교회는 지속적인 외부 사역이 반드시 교회와 직접 연결되게 한다. ESL 사역의 경우, 교인들은 사역 대상자

들과의 관계를 발전시키면서 자연스럽게 그들을 예배나 소그룹으로 초청한다.

최근에 나는 어떤 공세적인 교회의 목사와 대화를 나누었다. 쇠퇴하던 그의 교회가 건강한 방향으로 전환하게 된 과정이 주목할 만했다. 그는 교회가 지속적으로 외부에 초점을 맞춰야 함을 직관적으로 알았다. 그래서 기본에 충실하되, 효과적이며 지속적으로 외부에 초점을 맞추도록 교회를 이끌었다. 그 교회에는 성인 성경공부반이 10개 있다. 그는 각 반에 지역사회와 연관을 맺고 사람들을 지속적으로 교회로 초청할 수 있는 창의적인 방법을 찾도록 당부했다.

그 목사는 창의력을 발휘해, 각 반에 원하는 달을 고르게 했다. 각 반은 자신들이 선택한 그 달에 창의적으로 사람들을 교회로 초청할 책임이 있다. 그래서 7월과 11월을 제외한 달을 각 반이 맡는다.

"그 결과는 놀라웠어요." 그 목사가 말했다. "어떻게 우리가 지역민들에게 다가가 그들을 초청할 수 있을까 하는 생각에 나는 부담감을 느끼지 않아요. 대신 나는 우리 교인들에게 각자의 방식을 따르게 해요. 정해진 10개월이 끝날 무렵에, 나는 각

반이 어떤 결실을 거두었는지 강단에서 알려줘요. 그 과정에서 교인들이 자극을 받죠. 부담을 느끼는 사람은 전혀 없어요."

그 사역이 얼마나 오래 진행되어 왔는지 물어보았다. "거의 3년 동안 진행되고 있어요. 그 이전부터 지역민들에게 다가가는 사역 방식을 선호해 반복해 오는 반도 있습니다. 접근 방식을 변경한 반도 있죠. 모두 잘해 나가고 있어요."

말을 이어가는 그의 눈빛이 반짝거렸다. "몇 달 전에 식료품점에 갔을 때 나는 이 사역이 잘 진행되고 있음을 알았습니다. 계산대 직원이 내게 '초청하는 교회의 목사님이시죠?'라고 했어요. 그 말은 내 귀에 음악처럼 들렸어요. 이제 우리는 문을 열고 사람들을 초청하는 교회라는 명성을 얻었어요."

그에게는 강조하고 싶은 게 하나 더 있었다. "우리 교회에서 불과 네 구획 떨어진 곳에 큰 교회가 있어요. 나는 그 교회에 위협을 느끼거나 화가 나곤 했죠. 사실 그 교회를 생각할 때마다 절망감을 느꼈습니다. 이제는 그렇지 않아요. 우리 지역사회에는 교회를 필요로 하는 사람이 많아요. 우리가 그 교회처럼 커지지 못할 수 있지만, 그건 괜찮아요. 하나님이 이 지역에 큰 교회와 작은 교회를 각각 두신 데는 이유가 있으니까요."

이제 '밖으로 넘쳐남'과 관련된 중요한 면 중 하나를 이해했는가? 공세적인 교회는 지역민에게 다가가 그들을 초청하는 노력을 지속적으로 한다. 이제 두 번째 면을 살펴보자.

공세적인 교회는 주기적으로 외부에 초점을 맞춘다

당신 교회의 예배 참석인원 기록을 보라. 지난 수년 동안의 월별 평균 기록을 볼 수 있는가? 3년 이상의 기록을 볼 수 있으면 더 좋다.

월별 예배참석 평균인원을 보면 금방 눈에 띄는 게 있다. 그 수치가 뚝 떨어진 달과 높아진 달이다. 나처럼 둔하지 않는 한, 정확한 통계자료를 보지 않고서도 참석인원이 많은 달과 적은 달을 본능적으로 알아차릴 것이다. 참석인원이 적은 달에 대해 몇몇 교회 지도자가 전해 준 이야기는 다음과 같다.

- "우리 교회의 경우, 예배 참석인원이 적은 두 달은 3월과 11월입니다. 3월의 한 주는 대부분의 학교가 봄방학을 해요. 그 시기에 맞춰 교인들이 여행을 떠나죠. 11월은 추수감사

절과 가을 휴가가 있는 달이지요. 우리 교회에는 젊은이가 많은데, 그들은 추수감사절을 전후해 가족을 방문하러 떠난답니다."

• "6월과 7월이에요. 두 달 연속으로 인원이 줄어들어요. 교인 대부분이 이때 한두 주의 휴가를 떠나는 것 같아요."

• "여름 내내 예배 참석인원이 적어요. 우리 교회에는 겨울철에 남쪽으로 이동했다 여름이 되면 북쪽으로 돌아가는 피한객이 많고, 여름에는 더 서늘한 지역으로 휴가를 떠나는 사람도 많습니다. 이 두 가지 요인 때문에 여름에는 참석인원이 적죠."

• "NFL(미국 프로미식축구 리그—역주) 경기가 한창일 때 예배 참석인원이 줄어들어요. 나도 우리 연고지 팀의 경기를 가능하면 보는 편인데, 아예 교회 대신 경기장으로 향하는 교인도 많아요. 정오경에 시작되는 경기도 더러 있죠."

아마 감을 잡았을 것이다. 이제 정반대의 경우를 생각해 보자. 참석인원이 많은 날은 언제인가? 가장 공통적인 세 가지 경우는 다음과 같다.

- **부활절** 가족이 모두 모여 주일에 함께 교회에 모습을 보이는 때다. 부활절 시즌에만 한두 차례 교회에 출석하는 사람도 있다. 실제로 지난 부활절에 교회에서 마주친 한 젊은 부부는 "1년 후에 또 뵙겠습니다."라는 인사를 서슴없이 했다.

- **성탄절 전야** 성탄절 전야 예배는 꼭 드리면 좋겠다. 이날은 교회에 나가고 있지 않는 사람이나 비그리스도인들을 예배에 참석시키기가 비교적 쉽다. 성탄절 전야 예배를 드리지 않는 교회는 교회 밖의 사람들에게 다가갈 좋은 기회를 놓치는 셈이다. 성탄절은 비신자를 포함해 많은 사람에게 여전히 따뜻한 기억을 상기시킨다. 이날은 기념할 만한 전통적인 날로, 그냥 지나치기에는 매우 중요하다.

- **어머니날** 교회에 다니는 엄마들은 대개 자신의 남편과 자녀를 교회에 데려오길 원한다. 어머니날은 가족이 엄마와 아내의 소원을 순순히 들어주는 날 중 하나다. 반면, 아버지날에는 교회 참석률이 낮은 경우가 종종 있다. 실망스러운 부분이다.

지역사회 내에서 예배 참석인원이 자연스럽게 늘어나는 다른 날도 있을 것이다. 자연스럽게 마음에 떠오르는 날이 있는 가? 어느 교회나 자연적으로 예배 참석인원이 많은 날이 주기적으로 있다. 이날에는 사람들이 교회로 오기가 비교적 쉬울 것이다.

간단히 말해, 밖으로 넘쳐나려는 교회의 노력은 지속적이면 서도 주기적이어야 한다. 앞서 언급한 특별한 날에는, 교회가 지역민에게 다가가기 위해 각별히 노력해야 한다. 그날들은 성경에서 말하듯이 추수할 준비가 된 때다. 요한복음 4장 35절에서 예수님이 친히 하신 말씀을 따르라. "나는 너희에게 이르노니 너희 눈을 들어 밭을 보라 희어져 추수하게 되었도다."

주기적으로 참석인원이 많은 날에 할 수 있는 일은 무엇인가? 할 수 있는 일은 정말 많다.

- 사람들을 초청할 것을 특별히 강조하라.
- 사람들을(예컨대, 어머니날에는 엄마들을) 인정해 주는 선언을 하라.
- 특별한 날을 위해 페이스북 유료 광고를 하라.
- 교인들에게 특별한 날을 홍보하는 광고 표지판을 집집마다

붙이게 하라.

- 특별한 날에 초점을 맞춰 교회 웹사이트를 꾸미라. 그 웹사이트가 교인보다 손님을 위한 것임을 기억하라.

공세적인 교회는 특별한 날을 진심으로 초청하는, 복음중심적인, 그리고 외부에 초점을 맞추는 날로 삼을 방법을 모색한다. 핑계를 대기보다 그날을 잘 활용할 방법을 찾는다.

그렇다. 공세적인 교회에는 외부에 초점을 맞추는 사역이 넘쳐난다. 어떤 사역은 지속적이다. 주기적인 사역도 있다. 그런가 하면, 교회에서 외부 사역을 특별히 강조하려고 일부러 만들어내는 것도 있다. 이제는 그 사역에 대해 살펴보자.

공세적인 교회는 특별한 경우에
외부에 초점을 맞춘다

당신은 공세적인 교회의 경우 외부에 초점을 맞추는 사역이 넘쳐난다는 것을 느끼는가? 또 그 특성상 교회 밖으로 가능한 한 많은 관심을 기울임을 보는가? 그들은 지속적으로 외부에 초점을 맞추는 사역을 추진한다. 특히 예배 참석인원이 자연적으로 많아지는 날을 적극적으로 활용한다. 또 자체적으로 외부 사역을 특별히 강조하는 날을 마련한다.

이날은 단기적으로 특별히 외부에 초점을 맞추도록 교회가 강조하는 날이다. 분명히 말하지만, 목표는 단지 특정한 날에 예배 참석인원을 늘리는 것이 아니라, 교인들의 사고방식을 바꿀 기회를 마련하는 것이다. 단기적으로 강조하는 사역에서 좋은 결과를 얻을 경우, 그들은 1년 내내 교회 밖의 사람들에게 다가가거나 어떤 사람을 자연스럽게 초청하기가 쉬워질 것이다.

나는 특별히 외부에 초점을 맞추는 사역이 특정 프로그램을 따라야 한다고 말하고 싶지는 않지만, 이 사역에 관한 사례로 프로그램 하나를 소개하고자 한다.

'한 사람 초청하기'(InviteYourOne.com) 프로그램은 관망하기만 하는 교인들의 사고방식을 바꾸기 위해 마련되었다. 많은 공세적인 교회가 이 방식을 활용해 큰 성공을 거두고 있다. 원리는 간단하다. 교인들이 특정한 날에 최소한 한 사람을 교회로 초청하기 위해 공식적으로 약속한다. 그들은 그날 교회에 오기로 약속한 손님의 이름을 카드에 적어 제출한다.

　이 프로그램은 초청 당일의 예배 참석인원을 늘리는 효과를 얻는 데서 그치지 않는다. 사람들이 개인적인 초청을 받아들이는 것을 볼 때, 교인들은 이후에도 다른 누군가를 초청하려는 마음을 갖게 된다. 대부분의 교회가 이 프로그램을 통해 초청 당일 이후에도 긍정적인 파급 효과를 얻는 것은 바로 이 때문이다.

　다음은 '한 사람 초청하기' 프로그램을 시행한 신시내티의 한 목사가 "ChurchAnswers.com'에서 개최한 포럼에 제출한 글이다.

　　참으로 멋진 주일이었다! 예배 참석인원이 무려 429명이었다. 정말 대단했다! (나는 500~600명 정도도 가능하겠지만 대략 350~450명 정도가 참석할 거라고 생각했다.) '한 사람 초청하기' 프로그램을 진행하기 전 평균 참석인원은 260명이었다. 이 프로그램을 진행하기 바로 전 주일에는 254명이 예배에 참석했다. 따라서 429명은 평균 참석인원에 비해 65퍼센트 늘어난 수치다! 예배 참석인원이 늘어나는 것을 기뻐하지 않을 목사가 어디 있겠는가? 그러나 정말 기뻤던 일은 친구와 가족을 데려오는 교인들의 모습을 보는 것이었다. 그들은 활짝 웃으면서 내게 말했다. "목사님, 저도 한 사람을 데려왔어요!" 그들 스스로 놀라워하는 모습이었다. 20여 년 목회하면서, 나는 그토록 많은 교인이 사람들을 초청하는 것을 본 적이 없다. 또 우리 교회를 처음 방문하는 사람이 한 번에 그토록 많았던 적은 부활절을 포함해 한 번도 없었다. 부활절이 교회와 적당한 거리를 두고 지내는 사람들이 교회에 많이 나오는 날이라면, '한 사람 초청하기' 때는 전혀 낯선 사람들이 초청되었다. 참으로 놀라웠다! 그날 네 사람이 자신의 삶을 그리스도께 드리기로 결단했다!

덴버 지역의 한 목사도 '한 사람 초청하기'를 통해 유사한 성장을 경험했지만, 그를 놀라게 한 것은 계속 이어지는 방문객의 수효였다. "'한 사람 초청하기'를 시행한 날 나는 매우 흥분되었지만, 그런 흥분이 얼마나 빨리 사라질 수 있는지 나는 알고 있어요. 가장 고무적이었던 것은 '한 사람 초청하기' 이후 7개월 동안 방문객의 수가 매주 거의 세 배씩 늘어났다는 사실

입니다. 우리 교인들은 사람들을 교회로 초청해 복음을 듣게 하려는 그들의 시도를 하나님이 귀하게 여기심을 진정으로 믿어요."

특별히 외부에 초점을 맞추는 또 다른 좋은 사례는 경찰관, 소방관, 응급의료종사자 같은 응급처치요원들을 특정한 날에 기리는 것이다. 그런 날에는 교인들과 지역사회에 응급처치요원들에게 각별한 관심을 기울이도록 강조한다.

분명히 공세적인 교회는 사람들에게 다가가기 위해 특정한 어느 날이나 몇몇 큰 행사에만 의존하지 않는다. 그런 행사는 지상명령에 순종하기 위한 더 큰 전략의 일부일 뿐이다. 그리고 많은 공세적인 교회에서 그 전략은 효력을 발휘하고 있다.

공세적인 교회와 '넘쳐남'

공세적인.

기운찬.

끈질긴.

결단력 있는.

집요한,

일관된

공세적인 교회는 포기하지 않는다. 그런 교회의 지도자는
포기하지 않는다. 교인들도 (적어도 그중 대부분은) 포기하지 않
는다.

우리는 공세적인 교회가 지역사회로 다가갈 때 어떤 특성을
보이는지 앞에서 살펴보았다. 그들은 외부로 초점을 맞추는
노력을 예전보다 몇 배(종종 네 배 이상)나 늘려왔다.

공세적인 교회는 '지속적으로' 외부에 초점을 맞춘다. 간단
히 말해, 그들은 1년 내내 지역사회에 다가가려고 노력한다.

공세적인 교회는 '주기적으로' 외부에 초점을 맞춘다. 그들
은 예배 참석인원이 자연스럽게 늘어나는 날을 찾고, 그런 날
에 더 많은 사람에게 다가가기 위해 더 많은 시간과 노력을 (그
리고 때로는 더 많은 돈을) 투자한다.

공세적인 교회는 '특별한 경우' 외부에 초점을 맞춘다. 그들
은 지역사회에 다가가기에 매우 효과적일 수 있는 노력을 매년
1회 이상 기울이고자 한다. 앞에서 우리는 '한 사람 초청하기'

라는 사역 방식을 소개했다. 그러나 교회지도자는 한 가지 프로그램에 자신의 아이디어를 국한시켜서는 안 된다. 공세적인 교회 지도자는 지역사회에 다가갈 수 있는 여러 가지 특별한 방법을 찾아낸다.

이제 당신은 우리가 '밖으로 넘쳐남'이라는 표현을 사용하는 이유를 알고 있다. 우리가 본 공세적인 교회들은 지역사회에 다가가기 위해 엄청난 노력을 기울였디. 그런 노력은 일회적이 아니라 지속적이었다. 그들은 포기하지 않았다. 집요한 결단력을 보였다.

케네스는 오리건에 위치한 어느 초교파 교회의 목사다. 그 교회는 여러 해 동안 그의 지도 아래 힘겨운 나날을 보내고 있었다. 사람들은 그 힘든 현실을 받아들이라고 그에게 말했다. 그러나 어느 날 사도행전을 읽는 중에 그는 깊은 영감을 얻었다. 초기의 교회들은 쉬운 나날을 보내지 않았다. 그들은 힘든 문화 속에 있었다. "사도행전을 읽으면서 나 자신에게 물어보았어요." 그가 말했다. "오늘날이라고 해서 왜 상황이 다르겠는가? 우리는 같은 능력과 가능성을 가지고 같은 하나님을 섬기고 있지 않은가?"

케네스는 지역사회에 다가갈 기회를 얻기 위해 기도했다. 몇몇 교인을 그 기도에 동참시켰다. 얼마 후 케네스와 교인들은 지역민들과 의도적으로 접촉하기 시작했다. 다른 교인들도 합류했다. 그리고 점점 더 많은 교인이 합류했다. 하나님이 이 교회를 움직이셨고, 대부분의 교인은 하나님이 하시는 일을 놓치고 싶어하지 않았다.

약 6개월 후 케네스는 말했다. "우리는 다양한 유형의 사역을 하면서 지역사회로 넘쳐나고 있어요." 이것이야말로 '밖으로 넘쳐남'의 좋은 사례가 아니겠는가? 그 교회는 순종의 결실을 보고 있다. 10여 년 만에 처음으로 그 교회는 바깥사람들에게 다가가고 있다. 그 교회는 건강한 방식으로 자라고 있다.

그러나 케네스와 교인들은 그들의 교회가 진정으로 환영하는 교회가 될 필요가 있음을 곧 깨달았다. 그들은 더 친절하고, 더 많이 환영하며, 방문객들을 위한 준비를 더 잘 갖추기 위해 변하기 시작했다.

전환 사이클에서는 그것을 '환영 준비'라 부른다. 이것이 다음 장의 주제다.

Chapter 4
공세적인 교회는
사람들을 환영한다

'비밀손님'

이 말은 이상하게 들릴 수 있다. CIA 요원을 연상시킬 수도 있다. 그러나 이것은 사실 내가 사용해 본 아주 유용한 도구 중 하나다.

그 개념은 단순하다. 당신의 교회를 방문할 사람을 모집하는 것이다. 당신의 교회에 한 번도 와보지 않은 사람을 모집한다. 수고비로 5만 원 상당의 상품권을 줄 수도 있다. 그 사람들에게 당신의 교회에 나와 그들이 보고 경험하는 모든 것에 주의 깊은 관심을 기울이도록 부탁한다. 그들이 비밀손님 설문지를 작성해 주면 더 좋다. 이 책 끝부분에 견본용 설문지가 첨

부되어 있다. 'ThomRainer.com/scrappychurch'에 있는 비밀손님 설문지를 활용할 수도 있다.

그 손님들에게 솔직하게 평가해 줄 것을 당부하라. 당신이 알고 싶은 것은 교회의 좋은 점과 나쁜 점과 추한 점이다.

기회가 주어지면, 손님들이 방문한 다음 며칠 내에 그들과 만나 식사나 커피를 함께하라. 그들에게 설문 내용을 하나하나 언급하게 하라. 그들의 말을 경청하라. 꼭 필요한 경우가 아니면 그들의 말에 끼어들지 말라. 듣기 거북하더라도 묵묵히 받아들이라.

우리는 이 과정을 '거울 보기'라 부른다. 거울을 보는 것이 언제나 즐겁고 유쾌하지는 않다.

솔직히 나는 거울에 비친 내 모습 보는 걸 좋아하지 않는다. 우리 집 욕실에는 등이 많다. 내 모습을 또렷이 볼 수 있다. 그다지 보기 좋은 그림이 아니다. 내가 생각하는 것보다 훨씬 더 늙어 보인다. 나 자신을 잘생겼다고 생각해 본 적은 없지만, 여러 개의 등불과 커다란 거울 때문에 내 늙고 추한 모습을 거듭 상기하게 된다. 윽! 나는 정말 거울을 좋아하지 않는다.

왜 당신은 거울로 당신의 교회를 비추어 보는 고통을 감수

해야 하는가? 그 이유는 매우 간단하다. 당신이 개선할 필요가 있는 부분을 알아야 그것을 개선할 수 있기 때문이다. 공세적인 교회는 부단히 개선을 모색한다.

브루스는 공세적인 교회의 목사다. 이 책에서 언급한 다른 공세적인 교회들처럼, 그의 교회인 페이스교회도 전환을 경험했다. 많은 사람이 페이스교회의 전환은 불가능하다고 생각했다. 그 교회는 변화가 많은 지역에 있다. 20년 이상 모종의 변화가 진행되어 왔다. 이웃의 다른 교회들처럼 페이스교회도 그 변화에 잘 대처하지 못했다.

그 교회의 영광스러웠던 날은 25여 년 전이었다. 그 무렵에는 예배 참석인원이 325명에 달했다. 몇 년 전에는 참석인원이 75명 이하로 떨어졌다. 문 닫을 때가 임박했다고 생각하는 교인이 많았다. 브루스 역시 그들과 같은 생각이었다.

"나는 포기했어요." 브루스가 말했다. "문 닫는 것이 불가피하다는 생각이 들었죠. 솔직히 나는 그 교회를 떠날 준비를 하고 있었어요."

우리는 당연히 호기심이 생겼다. 그 교회는 건강하게 회복되고 있기 때문이다. 3년에 걸쳐 공세적인 노력을 기울인 후,

참석인원이 120명을 넘어섰다. 희망이 되살아났다. 예전의 비관적이던 태도가 하나님이 주시는 낙관적이며 열정적인 태도로 바뀌었다. 무슨 일이 있었던 걸까?

"목사님이 쓰신 『좋은 교회에서 위대한 교회로』(*Breakout Churches*, 프리셉트 역간)라는 책을 읽었어요." 그가 말했다. "그책을 통해 깨우침을 얻었죠. 문 닫기 직전의 상황에서 극적으로 전환한 교회들에 대한 이야기가 그 책에 실려 있잖아요? 만일 그 교회들이 부정적인 분위기를 전환할 수 있었다면 우리교회도 할 수 있을 거라고 생각했습니다. 나는 우리가 중요한 변화를 시도할 부분이 무엇인지 정확히 거울에 비추어 볼 수있는 방법에 대해 생각했어요."

브루스도 '거울에 비추어' 본다는 표현을 사용했다. 그의 첫단계 조치가 무엇이었는지 물어보았다.

"교회에 다니지 않는 사람에게 우리 교회에 방문해 줄 것을부탁했죠." 브루스가 대답했다. "나는 우리 교회가 좋은지 나쁜지를 알려달라고 부탁했어요. 사람들이 우리 교회에 처음 왔을 때 무엇을 보게 되는지 알고 싶었답니다."

그 사람이 본 것은 무엇일까? 우리는 브루스의 말이 이어지기를 기다렸다.

"정말 끔찍했어요." 그가 회상했다. "가차 없는 악평이었죠. 좋은 말은 하나도 나오지 않았어요. 내 기억에 남은 건 그의 마지막 말이었습니다. 이렇게 말했죠. '한순간이라도 빨리 교회를 떠나고 싶었어요.'"

참으로 끔찍한 평가였다. 그러나 브루스는 그 부정적인 평가를 인정하고, 하나님이 어떻게 그것을 긍정적인 방향으로 전환시키시는지 보기로 결심했다. 그는 핵심리더들을 모아 그 비밀손님의 평가를 알려주었다.

"보고가 끝나자 어색한 침묵이 흘렀죠." 그가 회상했다. "그때 수석 장로가 말하기 시작했어요. 그는 우리 교회가 죽어가고 있음을 알고 있다고 말했죠. 그러나 그는 그 죽음이 우리 스스로 자초한 것임을 몰랐어요."

교회 리더들이 더는 소극적인 태도를 갖지 않기로 결심한 때가 바로 그 순간이라고 브루스는 말했다. "만일 우리 교회가 죽어가고 있다면, 우리는 변화를 모색하다 죽기로 했습니다. 그것이 바로 전환점이었어요. 우리는 갑작스럽게 전환되지 않았습니다. 느리고 힘든 전환이었어요. 그러나 분명히 전환되었죠. 우리도 공세적인 교회입니다."

공세적인 교회.

결심한.

끈질긴.

힘든.

결코 포기하지 않는.

전환 사이클상의 환영하는 교회

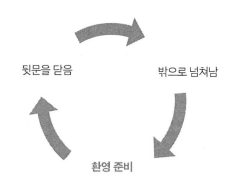

뒷문을 닫음   밖으로 넘쳐남

환영 준비

공세적인 교회는 전형적으로 전환 사이클상의 한 지점에 초점을 맞춘다. 페이스교회의 경우 '밖으로 넘쳐남'이나 '뒷문을 닫음' 같은 측면에 관심을 갖게 된 것은, 비밀손님을 통해 얻은 깨달음 덕분이었다. 그 교회 교인들과 지도자들은 중요한 변화를 시도해야 함을 깨닫기 위해 거울을 들여다보아야 했다.

사실 페이스교회는 더 외부로 초점을 맞추는 방향으로 전환하기 전에, 손님 맞을 준비가 되어 있지 않음을 먼저 깨달아야 했다.

손님들이 교회를 방문할 때 공통적으로 제기하는 문제점은 무엇일까? 얼마 전 우리는 이 질문에 대한 대답을 많이 확보했다. 그중에서 대표적인 열 가지를 *Becoming a Welcoming Church*(환영하는 교회 되기)라는 내 책에서 소개했다.

1. 예배 시간에 서로 인사하는 시간이 냉랭하고 어색했다 수많은 사람이 이렇게 대답한다는 것을 처음 알았을 때, 나는 놀랐다. 더 깊이 분석하면서, 나는 서로 인사하는 시간의 두 가지 문제점을 발견했다. 첫째, 어떤 손님은 그 순서 자체에 어색함을 느꼈다. 그것은 손님보다는 교인들을 위한 의식인 것 같았다. 둘째, 손님 중 다수는 인사 시간이

어색하지는 않았지만 그 시간에 소외되는 것을 느꼈다. 완전히 무시당하거나 피상적인 인사를 나눈다는 느낌을 받았다.

2. 불친절한 교인들 대부분의 교인은 자신이 불친절하다고 생각하지 않는다. 그러나 그들은 손님의 관점에서 자신을 보지 않는다. 그들이 대개 손님들에게 말을 건네지 않는 것은 낯설기 때문이다. 대체로 교인들은 자신이 아는 사람들과 어울리는 데서 편안함을 얻으려 한다.

3. 불안하고 불결한 어린이 시설 이것은 가장 예민한 반응을 야기하는 부분이었다. 만일 당신의 교회가 안전상의 문제가 있고, 특히 어린이 시설이 손님들의 눈에 불결하며 비위생적으로 보인다면, 젊은 부부 가족이 당신의 교회에 출석할 것은 기대하지 말라. 어린이 시설에 대한 부정적인 이야기가 많아지면, 젊은 가족은 아예 교회에 찾아오지도 않을 것이다.

4. 교회에 대한 정보를 얻을 곳이 없다 손님들은 경험상 교회 안에서 환영하며 안내해 주는 곳을 찾는다. 그러나 어떤 교회에는 그런 안내하는 곳이 전혀 없다. 또 어떤 교회

는 안내하는 곳은 있어도 담당자가 배치되어 있지 않다. 그래서 손님들은 담당자가 없는 안내대에 가기를 주저하게 된다. 담당자를 배치하지 않을 바에야 그런 곳을 마련해 두지 않는 편이 더 낫다.

5. 조잡한 교회 웹사이트 교회 손님 중 대부분은 예배에 참석하기 전에 교회 웹사이트에 들어가 보았다. 그리고 그 교회를 방문하기로 결심했을지라도 조잡한 웹사이트를 먼저 본 경우에는 부정적인 생각을 가지고 방문했다. 손님들이 교회 웹사이트에서 보기 원하는 두 가지 중요한 사항은 교회 주소와 예배시간이다. 이 점을 명심하라. 교회 웹사이트는 교회의 정문이다. 그들이 그 문에 들어올 때 환영받는다고 느껴야 한다.

6. 어설픈 안내표지 교회에 다닌 지 몇 주라도 되는 사람이라면 굳이 안내표지가 필요하지 않다. 그러나 손님에게는 필요하다. 주차장, 예배실 입구, 어린이 시설 등에 대한 분명한 안내표지가 없을 경우 그들은 실망한다.

7. 교회에서 사용하는 언어 당신의 교회 예배에서 사용되는 말에 귀 기울여보라. 설교에 귀 기울여보라. 교회에서 나

누는 대화에 귀 기울여보라. 처음 방문한 손님들이 이해하지 못할 말을 교인들이 하고 있지는 않는가? 교회 손님들은 그렇다고 말했다. 그들은 교회에서 듣는 말 중에 생경한 말이나 약어가 많다고 했다.

8. **따분하거나 거북한 예배** 내가 놀란 것은 이 요소가 열 가지 사항에 포함되었기 때문이 아니다. 그것이 다행히도 여덟 번째에 해당한다는 사실 때문이다. 그러나 아직도 이것은 중요한 문제점으로 남아 있다. 과거에 작은 교회 지도자들은 좋은 예배 자료를 접하기 힘들다는 말을 하곤 했다. 좋은 자료가 넘쳐나는 요즘 같은 디지털 시대에는 그 어떤 교회도 그런 핑계를 대지 못할 것이다.

9. **특정 좌석에 앉으면 안 된다고 말하는 교인** 나는 이런 무례하고 무감각한 행동이 여러 해 전에 사라졌다고 생각했다. 그러나 교회 손님들의 말을 들어보면 그렇지 않았다. "여기는 '내' 자리입니다."라는 말을 들었다는 손님이 많았다. 참으로 믿을 수 없는 일이다.

10. **지저분한 시설** 심각한 몇 가지 지적이 있었다. "일주일 내내 청소하지 않은 것처럼 보였어요." "쓰레기통이 보

이지 않았어요." "화장실이 화물차 휴게소 화장실보다 더 지저분했어요." "의자에 얼룩이 너무 심해요." 지저분한 교회는 청결에 신경 쓰지 않음을 손님들에게 말하고 있는 셈이다.

내 책 *Becoming a Welcoming Church*를 보면 환영 준비가 어떤 것인지 알 수 있다. 공세적인 교회를 살펴보기 위해서는, 전환 사이클상의 이 지점을 특별히 고찰할 필요가 있다.

공세적인 교회의 전환 사이클에서는 세 가지가 강조됨을 명심하라. 즉 밖으로 넘쳐남, 환영 준비, 뒷문을 닫음이다. 이 사이클은 한 면에서 다른 면으로 이동하는 것을 묘사하지만, 각 측면에 주어진 강조점을 가시적으로 보여주는 것이기도 하다. 물론 이 경우에도 다른 측면들이 배제되지는 않는다.

간단히 말해, 전환 사이클의 각 측면은 다른 측면에 영향을 미친다. 당신이 '밖으로 넘쳐남'을 통해 많은 사람을 교회로 모이게 하더라도, 그들이 제대로 대우받지 못한다면, 즉 교회가 환영 준비를 갖추고 있지 않다면 그들은 다시 오지 않을 것이다. 그리고 만일 당신이 처음에 다가가 그들을 환영하지 않으면 뒷문을 닫는 데 문제가 생길 것이다.

최근에 공세적인 교회들을 탐구하면서, 나는 환영 준비와 관련해 시도했던 변화가 무엇인지 그런 교회의 지도자들에게 물어보았다. 그들의 이야기를 근거로 그 변화를 세 가지로 분류할 수 있었다.

첫째: 태도의 변화

제롬은 그 교회에서 목회한 지 3년째가 되어가고 있었다. 3년째는 목사들에게 가장 힘든 해다. 허니문은 끝났다. 새 목사에게 기대했던 일이 일상적인 일로 바뀌었다. 현실에 안주하는 태도가 다시 교회에 스며들었다.

"그 변화는 뚜렷이 감지할 수 있었어요." 제롬이 말했다. "흥분이 가라앉았고, 교인 중 다수가 '내가 먼저'라는 사고방식으로 되돌아갔죠. 내 목회 경험으로 보더라도, 우리는 조만간 현실 안주에서 내분으로 옮겨갈 처지에 놓였어요. 교인들이 자신의 욕구와 취향에 초점을 맞추기 시작할 때면 어김없이 그런 일이 생기죠."

그가 어떻게 했을까? "나는 그 점을 생각하고서 며칠 동안 기도했어요." 제롬이 말을 이었다. "곧바로 할 수 있는 일을 찾았어요. 따기 쉬운 과일부터 따는 거죠."

사실 제롬은 우리가 만든 비밀손님 설문지를 활용했다. "타이밍이 좋았어요. 마침 여러분이 그 설문지를 만들어 제공해 주셨고, 우리 교회는 태도 변화를 위해 뭔가가 필요했습니다." 그런 다음 그는 눈을 크게 뜨면서 부드러운 미소를 지었다. "그것은 완벽한 해결책이었어요. 우리 교회에 무척이나 필요한 충격적인 경험이었죠."

제롬은 존경받는 장로인 바틀리의 조언을 구했다. 그는 이렇게 설명했다. "바틀리는 내게 꼭 필요한 두 가지 성품을 지녔어요. 첫째, 그는 정말 성실한 사람입니다. 나는 그의 말이나 성품에 결코 의문을 갖지 않아요. 둘째, 그는 직설적인 사람이에요. 그는 말을 완곡하게 하지 않아요. 이 프로젝트를 추진하도록 나를 도와줄 사람이 정말 필요했습니다."

그래서 그는 신임하는 그 장로에게 자신의 생각을 피력했다. 비밀손님에 대해 설명했다. 누군가로 하여금 교회를 방문해 교회에서 한 경험과 자신의 의견을 설문지에 적게 하자는 것이었다. 바틀리는 그 계획에 적극 동의했을 뿐 아니라, 한 걸음 더 나아가길 원했다.

제롬이 설명했다. "바틀리는 비밀손님을 방문하게 할 뿐 아니라, 그에게 조사결과를 우리 교회 지도자들에게 알려주게 하자고 했어요. 그의 머리에 곧바로 떠오른 사람이 있었죠. 그 이름은 샐리예요. 샐리는 바틀리가 근무하는 회사의 인사부 부책임자죠. 바틀리는 샐리 부부를 교회에 나오게 하려고 노력해 왔지만 그들은 나올 마음이 없었어요."

제롬의 말이 이어졌다. "바틀리는 교회를 개선하는 일에 샐리가 협력할 것을 알고 있었어요. 샐리는 단체를 개선하는 일에 열정적이었어요. 또 바틀리는 비그리스도인인 샐리를 교회로 오게 할 수 있는 절호의 기회임을 알고 있었죠. 그는 여러가지 유익을 모두 고려했어요."

샐리가 정말로 교회를 방문했다. 그녀의 열성적인 성품에서 기대했던 것처럼, 샐리는 방문하기 전에 비밀손님 설문지를 꼼꼼히 살펴보았다. 교회에 왔을 때 샐리는 철저히 평가할 마음을 품고 있었다. 샐리는 각별한 관심을 가지고 상세하게 기록했다.

거기서 끝나지 않았다. 바틀리는 샐리를 초청해 장로와 집사들을 비롯한 교회의 여러 지도자에게 보고서 내용을 설명하게 했다.

"샐리의 보고를 듣는 건 흥미로우면서도 고통스러웠어요." 제롬이 말했다. "샐리는 탁월한 발표자였고, 눈에 보이듯이 생생하게 설명했어요. 샐리의 열정과 철저함이 우리를 압도했죠."

그가 말을 이었다. "또 샐리의 세심한 관찰력에 우리는 멍해졌어요. 우리가 결코 보지 못했던 것을 그녀는 보았습니다. 더러운 화장실, 어설픈 안내표지, 힘든 주차, 냉담한 안내 담당자 등이었죠. 그러나 우리에게 가장 충격적이었던 것은, '여러분은 내가 만나본 사람 중에서 가장 무례한 부류에 해당해요'라는 말이었습니다. 가시 같았죠. 우리는 모두 우리가 매우 친절하다고 생각했거든요. 샐리는 우리의 반박에도 아랑곳하지 않았어요." 잠시 멈춘 후 제롬은 다시 말을 이었다.

"샐리가 매정한 것은 아니었어요. 다만 매우 직설적이었을 따름이죠. 샐리는 자신이 우리 교회에서 본 친절도 피상적일 뿐이라고 말했어요. '가짜 친절'이라는 거죠. 샐리의 말에 따르면, 우리의 친절은 진짜 친절한 것이 아니라 친절해 보려고 노력하는 것 같았답니다. 내 마음을 가장 아프게 찔렀던 샐리의 말이 기억나요. '여러분 중 다수는 자신이 그리스도인이기 때문에 친절해야 한다고 생각하는 것 같았어요'라는 말입니다."

다행히도 그 교회의 반응은 고무적이었다. 교회지도자들은 방어적이 되거나, 다른 사람을 비난하거나, 문자메시지를 보내는 대신 그 보고서를 마음에 새겼다. 그것을 계기로 그들은 거울을 들여다보았다. 외부인의 눈으로 자신을 보았다. 그들의 반응을 생각해 보라. 그 반응을 통해 우리는 배울 수 있다.

그 회중은 공세적인 교회의 분명한 표지를 보여주었다.

다른 사람을 비난하지 않고, 자신들의 마음을 바로잡고자 했다.

자원 부족을 한탄하지 않고, 자신들의 태도가 가장 큰 자산임을 깨달았다.

통렬한 비판에 심약해지지 않고, 그것을 변화와 전진의 기회로 여겼다.

제롭은 그 변화가 극적이며 즉각적이었다고 말했다. "한 주 지났을 때 벌써 달라진 점이 보였어요. 사람들이 새로운 태도로 교회에 왔어요. 그들의 얼굴에는 미소가 가득했죠. 서로 돕고 손님들에게 적극적으로 다가갔습니다."

이것은 공세적인 교회의 일관된 특성이다. 환영 준비를 위한 첫 단계는 태도 변화 또는 새로워진 태도다. 그것은 예산과 무관하다. 더 많은 시간이 필요한 것도 아니다. 새로운 프로그램이나 사역도 아니다. 그것은 단지 거울을 보는 것이며, 외부인의 관점에서 교회를 보는 것이다.

이것은 환영 준비의 두 번째 단계인 행동의 변화로 이끈다.

둘째: 행동의 변화

나는 마티의 이런 표현을 좋아한다. "마음이 변하기 전까지는 행동의 변화를 시작하지 마세요." 마티는 콜로라도에 있는 6년 된 교회의 담임목사다. "우리는 열정적으로 시작했죠." 그가 어색한 미소를 지으며 말했다. "하지만 얼마 지나지 않아 우리는 확실한 기반을 잡은 교회처럼 행동하기 시작했어요. 2년

이 지난 후에는 우리 방식에 고착화되었습니다. 목사님이 종종 지적하시듯이 주로 내부에 초점을 맞추었죠. 하지만 몇 년 동안 나는 아무런 조치도 취하지 않았어요. 나 자신부터 안일했던 셈이죠."

마운틴크리크교회는 공세적인 교회의 전형이다. 예배 참석 인원은 약 125명 정도로 보통의 규모다. 대부분의 회중처럼 이 교회도 예전에는 지상명령에 확실하게 초점을 맞추지 않아 내적으로 표류했다. 그리고 대부분의 회중처럼 이 교회도 그러한 표류 상황을 처음에는 자각하지 못했다.

마운틴크리크교회 이야기는 해피엔딩이다. 적어도 현재로서는 그렇다. 전환 사이클의 모든 면에서 그들은 확실한 전환을 보여주었다. 사실 우리는 환영 준비라는 면에서 이 교회가 보여준 좋은 사례를 앞에서 언급했다. 이제 손님 맞을 준비를 위해 그들이 구체적으로 어떤 일을 행동으로 옮겼는지 잠시 살펴보자.

그 일을 위해 지출한 비용은 하나도 없었다. 그 교회는 손님을 환영할 준비를 제대로 갖추기 위해 몇 단계의 행동을 취할 필요가 있었지만, 별도의 예산을 책정하지는 않았다.

그러나 그들은 그 일을 해냈다. 공세적인 교회는 그렇게 할 수 있다.

새로운 환영 센터 교인들이 헛간에 쌓인 목재를 이용해 환영 센터를 세웠다. 한 교인의 이웃이 그 목재를 기증했다. 몇몇 신자가 토요일마다 센터를 세우고 안내표지를 만드는 일에 동참했다. 완성된 센터는 예스러운 멋이 탁월했다. 그것을 처음 본 손님들은 감탄해 마지않았다.

새 안내표지 목재 조각을 활용해 주차장과 교회 입구와 내부 시설을 안내하는 새로운 표지판을 만들었다. 모두 빈티지 스타일에 맞춰 근사해 보였다. 페인트 구입비가 들었지만, 한 교인이 부담했다. 표지판 문구 쓸 사람을 물색하는 중에 화가인 교인을 찾아냈다. 그래서 멋진 표지판이 완성되었다.

개선된 화장실 교회에 화장실이 네 개 있는데 모두 지저분했다. 한 소그룹 리더가 다른 소그룹 셋과 협력해 화장실을 개조하기로 했다. 그들은 어느 토요일에 모여 온종일 페인트칠을 하고 깔끔하게 장식했다. 필요한 물품은 그들이 스스로 조달했다.

교회 소개용 소책자 그 교회에는 손님이나 새 교인에게 주는 근사한 소책자가 있다. 인쇄비를 지급할 예산이 세워져 있지 않은 것이 문제였다. 그런 상황에서 후원자가 네 명 생겼다. 공세적인 교회에서는 이 같은 획기적인 헌신 사례를 볼 수 있다.

손님에게 제공하는 빵 이 일을 주도한 사람은 피비다. 피비는 교회 일에 매우 헌신적이다. 어느 날 피비는 근처 제과점으로 가서, 토요일 밤에 남은 빵을 어떻게 처리하는지 물었다. 제과점에서는 남은 빵을 버린다고 말했다. 피비는 그 빵을 가져가도 되는지 물었다. 가져가는 목적을 물어본 후 그들은 허락해 주었다. 이제 그 교회에는 손님과 교인들에게 줄 빵과 지역사회에 다가갈 때 필요한 빵이 확보되었다. 비용은 물론 제로다.

새로 단장한 웹사이트 교회 웹사이트는 교회의 정문이며, 잠재적인 손님들이 처음 방문하는 곳이다. 그들은 여기서 예배시간을 찾아볼 것이다. 그리고 자신의 내비게이션에 교회주소를 입력할 것이다. 만일 어린 자녀를 둔 사람이라면, 자녀를 위해 안전한 곳인지 점검할 것이다. 솔직히 말해, 사이트를 새롭게 단장하는 데 약간의 비용이 들었지만 많이 들지는 않았다. 그리고 그 일을 담당한 교인이 모든 비용을 마련했다. 교회에서 지출한 돈은 전혀 없었다.

이해하겠는가? 이런 교회들이 장애요인을 보지 않고 기회만을 보았던 사실을 당신은 알겠는가? 그들이 취한 행동의 공세적인 특성을 이해하겠는가? 하나님의 도우심으로 모든 것이 가능함을 그들이 실제로 믿는다는 사실을 이해하겠는가?

셋째: 흡수 노력의 변화

우리는 환영 준비의 중요한 요소를 하나 더 살펴볼 필요가 있다. 그것은 사람들을 흡수하는 노력의 변화다. 간단히 말해, 너무 많은 교회가 손님들을 위한 후속조치를 무시한다. 그러나 그것은 공세적인 교회에서 가장 중요한 요소 중 하나일 수 있다.

분명 교회는 태도 변화가 필요하고, 그 태도를 보완하며 강화하기 위해 필요한 행동을 취해야 한다. 교회가 사람들을 환영하기만 하고 그들을 잊어버리면 안 된다. 회중은 후속조치를 취하거나 그들을 흡수해야 한다. 손님을 흡수하는 일에 대해서는 책으로 여러 권을 쓸 수도 있지만, 가장 효과적이며 공세적인 접근법 두 가지만 살펴보자.

첫째, 손님들과의 관계를 발전시키는 일에 의도적인 노력을 기울인다. 매우 당연한 일이다. 그러나 대부분의 교회가 이 당연한 일을 하지 않는다. 어느 교회에 예배 후 손님들을 자신의 집에 초청하는 역할을 맡은 세 가정이 있다. 이 사역에 참여하고 있는 팀의 이야기를 들어보자.

"아내와 나는 이것을 우리에게 맡겨진 교회 사역의 일부로 봐요." 그는 열정적으로 설명했다. "단 한 번의 점심식사만으로도 대개 우리는 큰 결실을 거두죠. 사실 그것은 우리 교회에서 행하는 최상의 후속조치예요. 우리가 나서기 전에는 목사님이 대부분 이 일을 맡아오셨어요. 목사님을 지치게 만들었죠. 우리는 이 사역을 정말 좋아해요. 비용이 조금 들지만, 그 비용을 지불할 만한 충분한 가치가 있는 일이죠."

교인들이 손님들과의 관계를 발전시킬 방법은 많지만, 점심 초대가 가장 효과적이면서도 쉬운 것 중 하나다. 단지 그들을 초청하기만 하면 된다. "우리의 초청을 받아들이는 사람이 많다는 사실에 놀랐어요." 팀이 활짝 웃으며 말했다. "아내와 나는 우리의 초대를 받아들이는 사람이 드물 거라고 생각했어요. 하지만 오히려 받아들이지 않는 사람이 드물었습니다."

손님을 흡수하는 두 번째 방법은 그들을 소그룹, 라이프그룹(매주나 격주 또는 매월 4~20명이 교회지도자의 집이나 지정된 장소에 모여 식사, 친교, 성경공부, 기도 등을 나누는 모임—역주), 가정모임, 주일학교 성인반 등에 참여하도록 권하는 것이다. 여러모로 이 방법은 관계의 발전을 확대시키지만 그 관계가 지속되기 때문에 강력한 효력을 발휘한다.

공세적인 교회는 이런 그룹의 가치를 알고 독려한다. 지도자들은 이 그룹의 중요성을 강조하려고 애쓴다. 또 정규적으로 그러한 그룹을 추천하며 강조한다. 사실 이 일은 단지 손님만을 흡수하는 것에서 그치지 않는다. 교회의 모든 교인을 흡수함에서도 가장 중요한 요소다. 이 문제에 대해서는 다음 장에서 살펴볼 것이다.

Chapter 5
공세적인 교회는
뒷문을 닫는다

자그마한 우리 집에 에어컨을 설치하던 때를 나는 기억한다. 무척 기뻤다. 에어컨을 들여놓으리라고는 생각조차 하지 못했다. 그런데 이제 그것이 우리 집에 생겼다. 정말이지 좋았다.

우리는 새로운 생활양식에 적응해야 했다. 먼저, 온도조절기는 엄마 외에 누구도 손대서는 안 되었다. 둘째, 문을 마구 열어두지 않도록 주의해야 했다. 여름에는 특히 더했다.

우리 고향인 남부 앨라배마의 여름은 몹시도 무더웠다. 온종일 푹푹 찌는 날이 많았다. 에어컨이 설치되기 전, 우리 집의 자그마한 창문으로 드나드는 바람으로는 더위를 식히기가 힘들었다. 방마다 큰 선풍기를 틀고 현관문과 뒷문을 활짝 열어두는 것이 최선책이었다.

아무리 문을 열더라도 바람의 세기와 방향에 의존할 수밖에 없었다. 산들바람이 집 안으로 불어들 때는 그나마 시원했다. 그 때문에 우리는 현관문과 뒷문을 늘 열어두었다. 잠시 동안이라도 산들바람이 찜통더위를 식혀주기 바랐다.

그러나 에어컨을 설치했을 때, 우리의 습관은 바뀌어야 했다. 실내온도를 시원하게 유지하기 위해 앞뒤 문을 닫아야 했다. 우리 집에서 문 닫는 일을 가장 잘 잊어버리는 사람은 바로나였다. 나는 외출할 때 언제나 뒷문을 이용했다. 나는 여러 달이 지나도록 에어컨이 설치된 새로운 현실에 좀처럼 적응하지 못했다. 그래서 늘 뒷문을 열어두곤 했다.

내 습관을 바꾸려고 아버지가 내게 진지하게 말씀하셨다. 아버지는 말수가 적은 분이어서 엄한 당부는 듣기가 더욱 거북했다. 더욱이 아버지는 내가 문 열어두는 습관을 바꾸지 않을 경우 용돈을 깎아 전기요금에 보태겠다고 하셨다. 나는 곤혹스러웠다. 용돈이 줄어들면 버티기 힘들 것이 뻔했다.

아버지의 말은 간단하지만 강력했다. "뒷문을 닫거라, 아들

아. 찬 공기가 모조리 빠져나가고 있어."

그날 이후로 나는 뒷문을 철저히 닫았다. 그래서 찬 공기를
보존할 수 있었다.

사람들이 교회의 뒷문으로 나가는 방식

교회의 뒷문이 열리는 방식은 기본적으로 두 가지다. 첫째,
단순히 사람들이 교회를 떠난다. 아예 교회에 나오지 않거나,
다른 교회로 옮긴다. 여러 해 동안 우리는 교회의 뒷문을 이런
식으로 생각했다.

그런데 우리는 사람들이 교회 뒷문으로 나가는 또 다른 방
식을 더 많이 알게 되었다. 즉, 출석 일수를 점차 줄이는 방식
이다. 이런 유형은 알아차리거나 손을 쓰기가 더 힘들다. 교인
들이 곧바로 떠나는 것이 아니기 때문이다. 그들은 단지 덜 자
주 모습을 보일 뿐이다. 간단한 예를 들어보자.

A라는 교회의 교인이 100명이며, 그들이 모두 1년 동안 매
주일 출석한다고 가정하자. 계산은 간단하다. 그 교회의 평균
출석 인원은 100명이다.

그런데 교회가 분열되었다고 가정해 보자. 정확히 50명이 떠난다(혹은 우리의 비유적인 표현으로 말하면, 뒷문으로 나간다). 나머지는 계속 신실하게 출석한다. 그 교회의 평균 출석 인원은 이제 50명이다.

인근에 B라는 교회가 있다. 그 교회의 교인도 100명이다. 그들이 1년 동안은 매주일 출석해 평균 출석인원은 100명이다. 그런데 나음 해에 교인들의 헌신도가 약해진다. 그들은 매주일이 아니라 평균적으로 격주에 한 번씩 출석한다. 그래서 평균 출석인원은 50명으로 떨어진다.

이 두 교회는 같은 교인수와 출석률로 시작했다. 그러나 1년 후, 두 교회는 각기 다른 이유로 출석률이 절반으로 줄어들었다. A교회는 교인이 절반으로 줄었다. B교회는 교인들의 출석 횟수가 절반으로 줄었다.

분명 이 두 시나리오 모두 교회에 해롭다. 둘 다 절반의 출석률 감소를 야기한다. 그러나 각각은 서로 현저히 다른 시나리오다.

두 교회 모두 뒷문에 문제가 있다. 그 문제의 원인은 다르지만 해결책은 유사하다. 공세적인 교회들을 보면 그 해결책이

유사함을 알 수 있다.

공세적인 교회와 뒷문

제임스빌에 있는 한 교회는 모든 면에서 공세적이다. 출석 인원이 늘어났을 뿐 아니라, 전반적인 면에서 어떤 기준으로 보더라도 더 건강해졌다.

이 책에서 언급한 다른 교회들처럼, 그 교회도 분명히 전환 사이클을 따랐다. 밖으로 넘쳐남을 경험했다. 환영 준비를 위해 엄청난 노력을 기울였다. 그러나 내가 이 교회에서 초점을 맞추고자 하는 것은 '뒷문을 닫음'이라는 측면이다.

지나치게 간단하긴 하나, 전환 사이클은 공세적인 교회의 세 가지 주요 강조점을 시각적으로 보도록 도와준다. 제임스빌에 있는 그 교회에 대한 이야기는 그중 '뒷문을 닫음'에 관한 것이다.

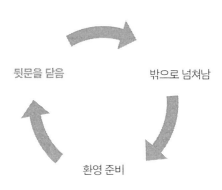

밖으로 넘쳐남

환영 준비

뒷문을 닫음

  그 교회는 지역 사람들에게 다가가 그들을 예배로 초대해 맞아들이는 일을 썩 잘하고 있었다. 변화된 교회의 모습을 보면서 교인들은 잔뜩 고무되었다. 그러나 케빈 목사는 이 전환 과정에서 드러난 몇 가지 문제점 때문에 마음이 편하지 않았다.

  "오해하진 마세요." 케빈이 말했다. "우리 교회가 지역민들에게 다가가 그들을 교회로 맞아들이는 모습을 보면서 나는 몹시 기뻤어요. 냉담했던 지난날보다 훨씬 좋아졌죠. 문제는 '한 번으로 끝'이라는 태도였어요. 그들을 한 번 초청하고 잘 환영하고 나면 그것으로 끝이었죠. 사람들이 들어왔지만 계속 머무르지는 않았습니다."

  케빈은 그것이 새로운 사람들을 모으는 것보다 더 중요한 문제임을 깨달았다. 사실 지난 몇 년에 걸쳐 그 교회가 쇠퇴한 이유 중 대부분은 뒷문과도 관련이 있었다. "사람들이 서서히 교회를 떠났어요." 케빈은 말했다.

그래서 케빈은 중대한 결심을 했다. 자신이 라이프그룹의 리더가 되기로 한 것이다. "우리 교회의 성인 중에서 라이프그룹에 참석하는 이들은 25퍼센트 미만이었어요." 케빈이 말했다. "흡수하는 일에서 심각한 문제가 있음을 알게 되었어요. 그 문제의 일부는 라이프그룹을 강조하지 않은 데서 비롯되었죠. 라이프그룹을 가장 확실하게 강조하는 방법은 내가 그 그룹의 리더가 되는 거라고 생각했어요."

케빈은 자신과 교회 사역의 초점을 라이프그룹에 맞추었다. 그의 열정과 비전을 교인들에게로 옮겼다. 교회 복도의 게시판에는 라이프그룹에 대한 이야기가 많이 눈에 띄게 되었다. 누구든지 라이프그룹에 참여하도록 초청하는 안내문이 주목을 끌었다.

케빈은 예배시간에 라이프그룹을 정규적으로 언급했다. 새 신자반에서도 라이프그룹을 핵심적으로 강조했다. 거기서 케빈은 예비 교인에게 곧바로 한 그룹에 가입하도록 독려했다.

아울러 케빈은 라이프그룹 참석인원을 점검하기 시작했다. 처음에는 그렇게 하는 것을 좋아하지 않았다. "목사들이 교인의 감소에 대해 이야기하면 정말 듣기 싫었어요." 케빈이 설명했다. "나는 더 건전한 데 초점을 맞추기로 결심했고, 그래서 수효에는 관심을 두지 않았습니다. 좋지 않은 것을 버리려다 중요한 것까지 함께 버리려 한 셈이죠."

그가 라이프그룹 참석률에 관심을 기울이게 된 것은 수효에 초점을 맞추기 위해서가 아니라, 교회의 건강을 점검하기 위해서였다. "우리 교회의 건강을 알리는 신호를 하나만 꼽는다면, 그것은 라이프그룹 참석률일 겁니다." 케빈은 말했다. "라이프그룹에 속한 사람은 복음을 나누거나, 서로 베풀거나, 복음 사역에 합류하거나, 예배에 참석할 가능성이 더 커요."

케빈은 공세적인 교회의 목사로서 전형적이다. 그는 라이프그룹을 강조함은 물론이고, 다른 여러 가지 방법으로도 집요함을 보였다. "우리는 라이프그룹을 강조함으로 뒷문을 닫았어요. 그렇게 하지 않았다면 무척 힘든 상황에 처했을 거예요." 그가 담담하게 말했다.

케빈 같은 마음과 태도를 지닌 목사와 교회지도자가 더 많이 필요하다. 케빈이 경험했듯, 그 과정은 종종 지루하고 지치게 하며 비판에 직면했다. "그것은 버튼을 누르기만 하면 생각대로 되는 손쉬운 일이 아니었어요." 인터뷰 중에 그가 생각에 잠기며 말했다. "때로는 녹초가 되기도 했답니다. 세 걸음 나아가고 두 걸음 물러서는 식이었죠."

공세적인 교회는 모두 그런 식이었다. 그런 교회의 지도자들은 작은 걸음을 부지런히 떼어 계속 앞으로 나아갔다. 그들은 자신의 교회가 얻고 있는 눈앞의 이득을 보지 않는다. 어떻게 하나님이 그들을 사용하셨고, 또 사용하고 계신지를 나중에 가서야 깨닫는다.

안타깝게도 수고한 노력의 결실을 보기 전에 포기하는 사람이 많다. 대체로 그 과정은 수개월이 아니라 수년이 걸린다. 공세적인 교회 지도자들은 끈질길 뿐 아니라 인내심도 강하다.

우리는 전환 사이클상의 한 지점에서, 한 가지 사항(라이프 그룹)에 초점을 맞추는 공세적인 한 교회의 목사에 대한 사례를 제시했다. 이제 전환 사이클 중에서 '뒷문을 닫음'이라는 지점으로 다시 돌아가자. 뒷문 닫기에 성공한 공세적인 교회에 공통점이 있을까? 네 가지 공통점이 있다.

뒷문을 닫음 1: 높은 기대감

"아무것도 기대하지 않을 때보다는 많은 것을 기대할 때 더 많은 것을 얻을 것입니다."

어느 공세적인 교회의 목사가 한 말이다. 단순명쾌한 이 말에 깊은 진실이 담겨 있다.

"지난 11년 동안 나는 두 교회를 섬겼어요. 나는 리더십의 초점을 실패와 다툼을 피하는 데 맞춰왔어요."

그가 말을 이었다. "그 결과, 나는 교인들에게 기대하는 바가 거의 없었어요. 기대감을 표하는 방법이나 무슨 기대감을 표해야 할지도 정말 몰랐답니다. 논의할 사항에 대해 분명한 입장을 가지고서도, 대개 나는 비판받는 게 두려워 입을 열지 않았어요."

그다음 말이 강력했다. "마침내 나는 내 삶과 사역의 방어적인 면이 지겨워진 지점에 이르렀어요. 두려움과 신중함으로 일관하기에는 삶이 너무 짧아요. 우리 교회를 제대로 인도할 수 있도록 힘과 지혜를 달라고 하나님께 간구했죠."

경험 많은 몇몇 교인이 이 목사의 말과 리더십에서 나타난 변화에 주목하기 시작했다. 설교단이나 비공식적인 대화에서,

그는 지역사회그룹이나 교회 차원의 사역에 합류하는 일, 흔쾌히 헌금하는 일의 중요성에 대해 말하곤 했다. 또 율법주의적이거나 완고한 태도가 아니라 하나님의 일에 동참하는 기쁨을 보여주었다. '공세적인 교회'라는 표현을 예전에 사용한 적이 없었지만, 그는 우리와 대화하는 중에 그 용어를 쉽게 받아들였다.

"그 표현이 좋으네요!" 그가 감탄했다. "우리 교회가 바로 그렇습니다. 우리는 공세적인 교회예요. 우리는 두 대형 교회의 그늘에 가려 있어요. 우리 교회에는 근사한 시설도 없어요. 우리 이웃 사람들은 변화가 많아요. 하지만 우리는 영향을 미치고 있습니다. 맞아요. 우리는 공세적이에요."

자신의 교회가 공세적인 교회로 전환한 때를 정확히 기억하지 못하는 교회지도자도 더러 있다. 그러나 이 목사는 정확히 기억했다. 그가 두려움과 방어적인 태도보다는 담대함과 용기를 가지고 인도하기로 결심하는 순간 변화가 시작되었다. 그리고 이 새로운 리더십을 알리는 첫 번째 표시는, 교인들에 대한 높은 기대감을 피력한 것이었다. 이 높은 기대감이란 정확히 어떤 것일까?

이 장에서는 교회가 특히 그룹과 새신자반에서 어떤 기대를 가질 수 있는지 살펴볼 것이다. 먼저 우리는 높은 기대감이 태도의 문제임을 이해할 필요가 있다. 플로리다에 있는 한 공세적인 교회의 목사인 필의 말을 들어보자.

"특별한 관점으로 바울 서신을 전부 읽었을 때, 나는 교회 리더십에 대해 새로 자각하게 되었어요." 그가 말을 시작했다. "나는 바울이 그 모든 교회를 격려하거나 훈계하면서 기대했던 것이 무엇인지 알고 싶었어요."

필이 발견한 것은 무엇이었을까? "간단히 말하자면 그것은 매우 놀라웠어요. 오해하지 마세요. 물론 나는 사도 바울이 아니며, 바울은 교회의 목사가 아니었죠. 하지만 나는 바울이 교인들의 태도와 행동에 대해 강력한 기대감 피력하기를 망설이지 않았음을 알게 되었습니다. 그리고 나는 내 리더십 스타일을 오래도록 바꾸지 않고 있음을 알게 되었어요."

교인들에게 더 큰 기대감을 표기하기 시작했을 때, 어떤 충돌이나 장애요소에 직면하지 않았는지 물어보았다.

"물론 직면했죠." 그가 단호하게 말했다. "교인들의 동의를 얻고 그들을 무리하게 닦달하지 않기 위해 나는 최선을 다했다고 생각해요. 나는 극에서 극으로, 수동적인 리더십에서 독재적인 리더십으로 전환하길 원치 않았습니다. 그래서 교인들과 같이 나아가기 위해 충분히 느린 속도로 진행하려 했어요. 하지만 그것도 엄연히 변화였고, 어떤 이들은 변화 자체를 싫어해요."

계속되는 필의 말에서 우리는 공세적인 교회 지도자들이 흔히 말하는 주제 하나를 발견했다. 그들은 평범한 삶 살기를 원치 않는다는 것이다.

"나는 목회를 중단하든지 아니면 리더십을 바꾸든지 해야 하는 상황에 이르렀어요." 필이 담담하게 말했다. "나는 하나님이 나를 목회자로 부르셨음을 알고 있었죠. 나는 평범한 삶을 원치 않았어요. 대가를 지불하더라도 변해야 하는 시점이었죠."

분명 공세적인 교회 목사들은 자신의 태도를 바꾸었다. 그 새로운 태도는 흔히 교회에 대한 기대감을 높이는 결과를 야기했다. 더 높아진 기대는 다양한 형태로 표현되지만, 가장 흔한 형태는 그룹과 사역 참여, 새신자반을 더욱 강조하는 것이다.

뒷문을 닫음 2: 그룹

뒷문을 닫기 위한 강력한 도구 중 하나는 사람들을 그룹에 참여시키는 것이다. 앞서 언급했듯이 라이프그룹, 지역사회그룹, 가정 모임, 주일학교 성인반 등 그 이름은 다양하다.

그룹은 관계연결점이며, 관계는 서로 결속시키는 가장 중요한 요소다. 그룹원들은 누가 불참하는지, 아픈지, 어려움을 겪는지 등을 안다. 그룹원들은 함께 배우고, 함께 살아가며, 함께 사역한다.

펜실베이니아에 있는 한 공세적인 교회의 목사는 이렇게 말했다. "만일 목회를 다시 시작할 수 있다면, 나는 지역사회그룹을 많이 강조할 것입니다. 사역 초기에 나는 그 영역에 신경 쓰지 않았어요."

공세적인 교회들은 값비싼 자원이나 시설을 위한 자금이 없다. 그러나 그들은 부수적이거나 세부적인 것을 근사하게 구비하지 않고서도 강력한 사역이 가능함을 이해한다. "우리 교회의 예산은 적고 빠듯해요." 미주리에서 온 렌이라는 목사가 말했다. "예전에 나는 그것을 지역민에게 다가가지 않는 핑계로 삼았어요. 그런데 하나님이 나를 깨우쳐주셨어요. 나는 예전에 보지 못했던 가능성을 보기 시작했습니다."

렌의 말이 이어졌다. "나는 가장 헌신적인 교인들의 명단을 작성했어요. 교회에 출석하는 130명의 성인과 어린이 중에서 41명의 성인 명단을 작성한 거죠. 그 명단을 보면서 그들의 공통점이 무엇인지 알아내고자 했어요. 마침내 한 가지를 알아냈답니다. 그들 모두 라이프그룹에 적극 참석하고 있었어요."

렌에게 그것은 강력한 깨우침이었다. "수천 달러나 최신식 시설이 반드시 있어야 하는 건 아니었어요. 단지 라이프그룹의 중요성을 인식하도록 교회를 인도하기만 하면 되었죠. 그렇게 한 결과 지난 2년 동안 엄청나게 달라졌어요."

뒷문을 닫음 3: 사역 참여

사역에 참여하는 교인은 대개 교회를 잘 떠나지 않는다. 그러나 제이슨이 말하듯, 그것은 뒷문을 닫기 위함만은 아니다.

"물론 사람들을 교회 사역에 동참시키는 것은 그들을 흡수하는 데 큰 도움이 됩니다. 그러나 나는 훨씬 더 큰 유익이 있음을 알고 있어요. 예컨대 우리 교회 재정담당자의 말에 따르면, 자원봉사자나 각종 사역에 참여하는 사람이 헌금생활을 가장 신실하게 합니다. 또 그들은 대체로 헌신적이에요. 요컨대 사역에 동참한다는 것은 교회공동체에 더 잘 흡수되고, 헌금생활을 더 잘하며, 서로 하나 되는 일에 더 힘씀을 뜻합니다. 교회를 위해 정말 중요한 일이죠."

공세적인 교회들의 유형에 다시 주목해 보라. 그들은 기본에 충실하다. 큰 교회들의 쾌적한 시설을 모두 갖추려고 애쓰지 않는다. 자신이 갖지 않은 것을 핑계로 삼지도 않는다.

우리는 이 공세적인 교회들이 어떻게 새신자들을 사역에 동참시켰는지 궁금했다. 만일 사역 참여가 기존 교인을 흡수하는 데 그토록 중요하다면, 그것은 새신자를 위해서도 당연히 중요하다. 따라서 새신자를 가능한 한 빨리 사역에 참여시킬 필요가 있다.

새신자를 사역에 참여시키는 가장 흔한 방법은 안내 사역을 맡기는 것으로, 이는 환대 사역 또는 환영 사역으로도 부른다. 이 사역은 새신자에게 아주 적합하다. 대체로 새신자는 이제 막 교인이 되었기 때문에 교회 사역에 관심이 많다. 또 이 사역은 비교적 시작하기가 쉽다. 이 사역에 합류하는 사람은 대부분 짧은 시간 내에 핵심적인 내용을 숙지한다. 앞서 언급했듯이, 내가 쓴 *Becoming a Welcoming Church*라는 책은 환영 사역을 담당하는 이들을 포함한 모든 교인을 위한 개괄서다.

미국 중부 오하이오에서 목회하는 스티브 목사는 교인들을 사역에 참여시키는 데 중요한 한 가지 요소를 우리에게 상기시켜주었다. "만일 적절한 과정을 따르지 않으면 그 일을 제대로 진행하기 힘들 겁니다. 우리는 사역에 참여하도록 교인들을 독려할 수 있고, 그 일을 체계적으로 할 수 있음을 알고 있어요. 하지만 대부분의 경우, 교인들을 다양한 사역에 참여시키는 일을 계획적으로 하지 않죠. 지속적인 효과를 얻기 위해서는 적절한 과정을 따라야 해요."

우리는 교인들을 어떻게 사역에 참여시켰는지 스티브에게 물었다. 그는 곧바로 대답했다. "만일 그 일을 새신자반에서 시작하지 않으면 좋은 결과를 얻지 못할 겁니다." 스티브의 말은 뒷문을 닫기 위한 네 번째 핵심 단계로 우리를 곧바로 나아가게 해준다. 이제 새신자반에 대해 살펴보자.

뒷문을 닫음 4: 새신자반

1990년대에 '뒷문을 닫음'이라는 주제의 콘퍼런스로 전국을 다니면서, 나는 교인들을 흡수하기 위해서는 새신자반이 중요함을 언급하곤 했다. 그러면 사람들은 으레 멍한 눈으로 나를 보았다. 이런 콘퍼런스에 참석한 사람 중 자신의 교회에 새신자반이 있는 경우는 10분의 1도 채 되지 않았다. 물론 오늘날에는 그렇지 않다. 요즘에는 새신자반이 너무나 흔하다.

그러나 모든 새신자반이 질적으로 동일하지는 않다. 새신자반이 있다고 저절로 뒷문을 닫는 효과가 나타나는 것도 아니다. 새신자반을 어떻게 운영하는지가 중요하다.

공세적인 교회의 여러 지도자와 대화하면서 우리는 그들이 운영하는 새신자반의 몇 가지 공통점에 주목했다. 그것은 다음과 같다.

• 공세적인 교회의 목사들은 새신자반에 줄곧 우선순위를 두었다. 미네소타에서 목회하는 로빈의 말에 주목하라. "나는 한 달에 두세 번씩 전체 교인에게 새신자반에 대해 꼭 언급했습니다. 교인들은 우리 회중의 삶에서 새신자반이 중요함

을 알고 있어요."

- 새신자반 모임을 교회 일정표에 반드시 표시했다. 그 일정 표를 매월 제공하는 교회도 있고, 분기별로 제공하는 교회 도 있었다. 어쨌거나 교인들은 늘 그 모임을 상기할 수 있 었다.

- 종종 목사가 그 모임을 인도하거나 함께했다. 목사가 함께 함으로 교회생활에서 그 모임이 우선시 됨을 보여주었다.

- 간혹 예외가 있지만, 공세적인 교회의 새신자반 모임 시간 은 대부분 세 시간 이내였다. 대체로 주일의 한가한 시간에 모였다. 여러 날에 걸쳐 연이어 모임을 갖기는 힘들다는 말 을 나는 많은 목사에게서 들었다. 그런 식으로 모이면 불참 자가 많아졌다.

- 아마도 가장 중요한 것은 새신자반에서 제공하는 '내용'일 것이다. 먼저 교회에 관한 '정보'를 제공했다. 교리, 정책, 직 원, 시설물, 교단적인 배경, 사역과 프로그램 등에 대한 정보 였다.

- 공세적인 교회의 새신자반은 '정보'를 확실히 제공할 뿐 아 니라 '기대감'도 전했다. "우리는 새신자들에게 교인으로서

그들에게 우리가 어떤 기대를 하는지 분명히 알려주었어요." 로빈이 말했다. "지역사회그룹에 참여하는 것, 신실한 현금생활, 그리고 사역에 동참하는 것에 대해 서슴없이 이야기해요. 기대감을 높이면 교인들의 헌신도 더해짐을 알게 되었죠. 그리스도의 몸의 한 부분이 되는 것이 무엇을 뜻하는지 그들에게 성경적으로 알려주기 위해, 우리는 목사님의 책『I am a church member』(아가페북스 역간)를 거듭 읽었답니다."

'뒷문을 닫음'에서 이 네 가지 주요 강조점은 함께 작용한다. 전환 사이클 자체와 마찬가지로, '뒷문을 닫음'에서도 여러 부분이 함께 작용하는 것이다. 공세적인 교회 목사 중에는 이 사실을 직관적으로 감지하는 사람도 있고, 경험을 통해 배우는 사람도 있다. 그것은 중요하지 않다. 중요한 것은 지도자의 단호한 결단이, 영구적이지는 않더라도 의미 있는 변화를 일으키는 행동을 하도록 회중의 결심을 유도한다는 것이다.

그것이 우리가 그런 교회를 공세적이라고 하는 이유다.

전환 사이클과 공세적인 교회

우리가 전환 사이클이라는 명칭을 붙이는 데는 충분한 이유가 있다. 우리의 연구대상인 모든 교회와 인터뷰 대상인 모든 지도자를 통해, 한때는 쇠퇴했다(급격히 쇠퇴한 경우도 있었다) 이제는 건강한 교회로 성장하고 있는 회중에 대한 분명하고도 강력한 이야기를 들었다.

반복되는 언급일 수도 있지만, 우리는 이 이야기들이 수치적인 전환 그 이상을 뜻한다는 점을 상기시키고자 한다. 수치상의 반전을 나타내는 객관적인 자료도 분명히 나타났다. 그러나 교회지도자들과 교인들을 인터뷰하고 지역민들의 이야기를 들으면서, 우리는 변화를 보았다. 태도의 변화, 시설물의 변화, 사역의 변화, 지역사회의 변화, 그리고 하나님의 영광을 위한 삶의 변화였다.

마지막 장에서는 다른 교회들의 이야기를 넘어 당신의 교회에 대해 이야기할 것이다. 이 놀라운 전환 사례에서 분명한 능력을 보여주신 하나님께서, 당신의 교회도 동일한 변화를 경험하길 바라신다는 사실을, 당신이 분명하고도 강력하게 이해하기를 나는 기도한다. 아마도 하나님은 바로 지금 당신의 교회가 그 길에 들어서길 바라실 것이다.

어쩌면 당신의 회중이 다음번의 공세적인 교회가 될지도 모른다.

Chapter 6
공세적인 교회의
지도자들

나는 오늘날의 교회를 매우 암울하게 보는 견해가 많다는 것을 알고 있다. 나 역시 회중의 상태에 대해 매우 부정적으로 말하는 사람 중 하나였다.

한편으로 우리는 현실을 직시해야 한다. 그것을 외면해서는 안 된다. 체중감량을 위한 첫 단계는 저울에 올라서는 것이다. 전환 사이클에 들어서는 첫 단계는 잘못된 현실을 직시하는 것이다.

그것은 간단한 원리다. 변화의 필요성을 보지 않는다면 우리는 변하지 않는다. 그렇다면 현실을 직시할 때 우리는 무엇을 볼 수 있는가? 열 교회 중 약 일곱 교회가 쇠퇴하고 있는 실망스러운 현실이 보인다. 북미에서는 매년 7천 개의 교회가 문을 닫는다. 다툼과 갈등이 보인다. 빠듯한 예산, 부자연스런 태도, 껄끄러운 관계가 보인다.

이런 교회의 목사와 지도자는 어떠한가? 아마 당신은 이 물음의 답을 알고 있을 것이다. 당신이 매주 경험하는 바이기 때문이다. 매주 예배 참석인원이 줄어드는 상황을 보는 건 고통스러운 일이다. 부족한 예산 때문에 힘들 수도 있다.

독자 중 대부분은 비판이나 사후험담의 고통, 혹은 리더십 개선 방법에 대한 '제안'을 듣는 고통을 알 것이다.

당신은 이미 알고 있다. 교회 리더십과 교회생활이 역겨울 수 있다는 점을 말해 줄 나 같은 전문가가 당신은 굳이 필요하지 않다. 이미 당신은 여러 해 동안 그 고통스러운 악취를 맡아왔다.

당신은 희망이 있음을 알기 원한다. 큰 교회의 그늘에서도 당신의 리더십과 교회가 차지할 공간이 있음을 알기 원한다. 당신이 변화를 일으키고 있음을 알기 원한다. 당신은 시작을 잘했고, 잘 지속하려고 노력해 왔다. 이제 당신은 잘 마치길 원한다.

당신은 문화의 급속한 변화를 알고 있다. 그러나 당신은 자신과 자신의 교회가 이 혼란스러운 시대에 성경적으로 대처할 수 있을지 알기 원한다. 당신은 적어도 자신에게 '내가 정말 변화를 일으킬 수 있을까?' 하고 묻는다. 어쩌면 포기할 생각을 품은 사람도 있을 것이다. 고통은 한계에 이르고, 인내심은 너무 오래도록 시험을 받아왔다. 당신의 삶과 교회 리더십에 이런 현실을 극복할 수 있는 그 무엇이 있어야 한다.

이 책에서 꼭 전해 주고 싶은 메시지가 하나 있다. 그것은 매우 간단하다. 바로 희망이 있다는 것이다.

어떻게 내가 이처럼 대담한 주장을 할 수 있을까? 회중의 현실을 보면서도 어떻게 이렇게 말할 수 있을까? 이 물음의 답을 당신은 알고 있을 것이다. 지금까지 당신은 직관에 반하는 모습을 보인 교회들에 대해 들었다. 그들은 최신식 시설을 갖추고 있지 않다. 시내에서 유명한 교회도 아니다. 그들은 '공세적인 교회'다.

비록 그들이 변화의 초기 단계에 있지만, 그 변화는 매우 실제적이다. 그들은 변화를 일으키고 있다. 그리고 강력하다. 하나님이 혁신적인 방식으로 그들을 사용하고 계신다. 그들의 움직임은 매우 고무적이다.

나는 이런 교회를 분석해 왔다. 그 지도자들의 말을 들어왔다. 그들이 걸었던 길을 보아왔다. 이제 이 장과 이 책을 마무리하면서 그 길을 되짚어보고자 한다. 이를 통해 당신은 기억을 되살리며, 무엇보다 희망을 가질 수 있을 것이다.

지금까지의 내용을 돌이켜볼 때, 공세적인 교회의 지도자들이 하는 일은 다음과 같다.

공세적인 교회의 지도자는 자신의 교회와 교인들을 사랑한다

내가 처음 섬긴 교회를 나는 어제 일처럼 생생하게 기억한다. 그 교회는 안타까운 모습이었다. 예배 참석인원은 7명이었다. 70명이 아니라 7명이었다. 20년이 넘도록 단 한 명의 새신자도 생기지 않았다. 시설물에서는 악취가 났다. 말 그대로 악취였다. 나는 몇 주가 지나서야 겨우 곰팡이 냄새에 익숙해졌다.

정말 정나미 떨어지는 교회였고, 교인들에게도 그렇게 말했다. 나는 책망도 했고 매몰찬 어조로 설교하기도 했다. 그들은 내 실망감, 심지어 분노까지도 보고 느낄 수 있었다. 그러나 너무 오래도록 겪은 일이라 그들은 무덤덤했다. 그들에게는 그것이 그리스도인의 정상적인 삶이었다.

물론 그들은 내게도 부정적인 태도로 대했다. 교인들의 역할이 대개 그렇지 않은가? 그들은 목사와 직원들이 기존의 방침을 계속 따르기를 원한다. 그리고 가장 부적절한 때 비판을 가한다. 으레 그들은 설교 직전과 직후에 부정적인 말을 한다.

우리 교인들과 내 관계가 그러했다. 때로는 목회적이었지만 대부분은 적대적이었다. 만일 누군가가 우리 교회를 사랑하는지 물었다면, 나는 진심으로 '그렇다'고 대답했을 것이다. 그러나 사실 내가 사랑한 것은 현실 그대로의 교회가 아니라, 내가 원하는 모습의 교회였다.

나는 예수님이 내 그런 바람을 들어주지 않으신 것에 감사한다. 감사하게도 하나님은 어느 주일예배 전날 밤 기도하는 중에 나를 깨우쳐주셨다. 내가 얼마나 조건적인 사랑을 했는지 말씀을 통해 보여주셨다. 교인들에 대한 거친 내 태도를 보여주셨다. 하나님이 나를 깨뜨리셨다.

바로 그 주일에 무엇인가 내 모습이 달랐음을 교인들이 나중에 말하곤 했다. 그들이 내 달라진 점을 구체적으로 말하지는 못했다. 그러나 한 교인은 내가 예전보다 더 행복하고 자애로워진 것 같다고 말했다.

하나님은 그분이 나를 사랑하시듯 나도 우리 교회를 사랑하도록 가르치셨다. 물론 내 교회 사랑은 아직 턱없이 부족하다. 그러나 나는 내가 원하는 교회가 아닌 현재의 교회 그 자체를 사랑하는 것을 배웠다. 우리를 향한 예수님의 사랑이 바로 그런 것이 아닌가?

그 교회는 성장했다. 7명이 70명으로 늘어났다. 그러나 수효보다 훨씬 더 중요한 것은 변화된 태도였다. 가장 큰 변화는 목사인 내게서 일어났다. 솔직히 가장 변해야 할 사람은 바로 나였다.

내가 이 이야기를 하는 것은, 공세적인 교회의 지도자가 되어가는 나 자신의 과정이 바로 그러했기 때문이다. 나는 수백 명의 공세적인 교회의 지도자 이야기를 들어왔다. 똑같은 내용은 아니지만 그 이야기들은 공통점이 있다. 가장 많이 언급된 공통점 중 하나는, 그들이 교회를 무조건적으로 사랑했다는 것이다.

'무조건적으로'라는 말에 주목하라. 그 지도자들은 교인들의 비판에도 그들을 사랑했다. 교회에 드문드문 나와도 그들을 사랑했다. 불화와 다툼이 있어도 사랑했다. 그 지도자들은 마치 예수님이 우리를 사랑하시듯 교인들을 사랑했던 것 같다.

"그것이 내 목회에서 전환점이었어요." 아론이 말했다. "교인들을 무조건적으로 사랑하는 마음을 달라고 하나님께 기도하기 시작했을 때, 내 사역이 혁신되었어요. 물론 그것이 항상 쉽지만은 않았죠. 지금도 실망스러운 순간이 간혹 있어요. 그러나 나는 시간을 정해놓고 하나님께 기도해요. 그분이 내 마음과 태도를 바꾸셨어요. 내 사역을 바꾸셨죠. 나는 다음 교회를 찾지 않고, 현재 하나님이 내게 주신 교회로 만족하게 되었어요."

공세적인 교회의 지도자는 지역사회를 사랑한다

현재 위치에 당신의 교회가 세워진 것은 우연이 아니다. 하나님이 그 지역사회에 당신의 교회를 세우신 데는 이유가 있다. 당신은 지역사회를 사랑해야 한다. 그들에게 다가가고, 그들을 위해 사역하고, 그리스도의 사랑을 그들에게 보여줌으로 그 사랑을 나타내야 한다.

마이클의 이야기가 주목할 만하다. 그는 네바다에 있는 한 교회에서 8년 동안 목회해 왔다. 그는 지역사회에 대한 자신의 태도에 점진적인 변화가 있음을 알았다. 사실 마이클은 그 변화를 단계별로 분명히 명시할 수 있다.

"지역사회를 향한 내 태도의 첫 단계는 '무관심'이었어요." 마이클이 말했다. "교회에 전혀 나오지 않거나 대형 교회의 지교회로 가는 지역민이 많다는 사실에 실망했죠. 그들이 우리와 함께하기를 전혀 원치 않는 한, 나 역시 그들에게 관심이 없었어요."

마이클이 계속 말을 이었다. "처음에 내가 그 교회에 갔을 때, 교인들은 패배의식을 가지고 있었어요. 외부 사람들에게는 관심이 없고 그들끼리만 어울렸죠. 저 역시 그 속에만 있었어요."

그러나 마이클은 몇 가지 현실적인 변화를 시도해야 했다.

교인들끼리만 어울리면 교회가 쇠퇴하기 마련이다. "나는 임박한 위기를 감지할 수 있었죠." 마이클은 담담하게 말했다. "우리만의 모임에 인원이 점차 감소하고 있었어요. 예산도 줄어들고 있었죠. 우리는 더 많은 사람에게 다가가야 했어요. 그렇게 하지 않으면 곤경에 처할 상황이었어요."

그래서 마이클은 지역사회에 다가갈 프로그램과 행사를 실행하기 시작했다. "그러나 지역사회를 향한 내 마음은 변하지 않았어요." 그는 시인했다. "그러면서도 '끌어당기기'라는 두 번째 단계로 나아갔어요. 나는 단지 지역민들이 우리에게 와서 우리 사역이 유지될 수 있기를 원했어요. 정말 이기적인 태도였죠. 효과도 별로 없었고요. 특정한 행사나 프로그램에 참석하려고 우리 교회로 오는 사람이 있긴 했지만, 그들도 계속 나오지는 않았어요. 우리의 진실하지 못한 태도를 감지했던 것이 분명해요."

마이클의 마음에 변화의 과정이 시작된 것은 지방선거 때였다. "제레미는 우리 교회 젊은 지도자 중 한 명이었어요. 그는 시의원에 출마하기로 결심했어요. 선거운동을 근사하게 했고, 현직 의원을 쉽게 이겼죠."

몇 달이 지나지 않았을 때, 제레미는 담임목사의 관심을 지역사회로 돌리게 했다. 여러 가지 좋은 일이 일어나고 있는 것을 그에게 알려주었다. 그뿐 아니라 고립된 지역들의 당면과제에 대해서도 알려주었다.

"제레미는 우리 지역사회를 사랑했죠." 마이클이 말했다. "그것은 전염성이 있었어요. 나도 지역사회를 점점 더 사랑하게 되었습니다. 내 태도가 꾸준히 변했어요. 나는 지역민을 우리 교회의 출석인원이나 헌금을 늘리려는 방편으로 보지 않고, 점점 더 예수님의 눈으로 보게 되었습니다. 나는 우리 지역사회를 사랑하게 되었어요. 진심으로 사랑하게 되었죠."

마이클은 '끌어당기기' 프로그램과 행사를 중단하지 않았지만, 지역사회에 대한 사랑으로 그것을 행하도록 인도했다. 점점 더 많은 교인이 그 비전과 열정을 공유했다. "나는 인근의 지교회로 인한 불안감을 정말 잊어버렸어요." 마이클이 웃으며 말했다. "나는 지역민을 사랑하는 데 집중했기 때문에 큰 교회에 신경 쓸 시간이 없었죠. 나는 이것을 '체현적'(incarnational) 단계라 불렀어요."

공세적인 교회의 지도자는 지역사회를 사랑한다. 마이클의 마지막 언급은 공세적인 교회 지도자들이 행하는 또 다른 그무엇을 상기시킨다. 즉, 그들은 지역사회 내의 다른 교회들을 사랑한다.

공세적인 교회의 지도자는 지역사회 내의 다른 교회들을 사랑한다

"우리 지역사회에는 이미 교회가 너무 많아요."

"우리 교회와 이토록 가까운 곳에 대형 교회의 지교회가 들어선 것을 이해할 수가 없어요."

"그 교회는 사람들을 끌어당기기 위해서라면 무슨 일이든 다할 겁니다."

"우리도 그 교회만큼 돈이 있으면 대형 교회가 될 수 있죠."

"그 교회는 마케팅에 엄청난 돈을 쓰고 있어요. 가난한 사람들을 위해 쓰면 좋을 텐데."

이런 말이나 유사한 말을 들어본 적이 있는가? 다른 교회에 대한 적의나 질시 섞인 말을 들은 적이 있는가? 어떤 교회가 동역 상대가 아니라 경쟁 상대인 것처럼 보이는 이유를 생각해 본 적이 있는가?

공세적인 교회는 더 적극적인 노선을 취한다. 그들은 지역 사회 내의 다른 교회들을 사랑하는 법을 배운다.

어떤 사람은 상황을 달리 이해할 수도 있지만, 나는 너무 많은 교회가 있는 지역사회를 본 적이 없다. 대부분의 지역사회에 교회에 나가지 않는 사람이 많다는 사실은 오히려 더 많은 교회가 필요함을 나타낸다.

공세적인 교회의 지도자는 그 점을 이해한다. 그들은 다른 교회를 경쟁 상대가 아닌 동역 상대로 본다. 그 점에 대해서는 로건이 잘 이야기했다. "지역사회 내의 다른 교회들을 사랑하며 그들의 동역자가 되기로 결심했을 때, 마치 큰 짐이 내게서 떨어져나가는 것 같았어요. 다른 교회에 대한 실망감을 표출하는 데 내가 얼마나 많은 에너지를 허비했는지 예전에는 깨닫지 못했죠. 다른 교회들을 미워하기보다 사랑하니까 아주 홀가분했어요."

로건의 교회는 그의 리더십을 따랐다. 매주 그들은 지역사회 내의 한 교회를 위해 기도했다. 예배 때마다 회중이 어느 한 교회를 위해 기도했다. 기도사역 팀은 기도 대상인 교회의 직원과 교인들에게 기도카드와 감사카드를 보냈다.

그러나 가장 큰 태도 변화는 로건의 교회가 선교 프로젝트의 일환으로 다른 교회들을 돕기 시작할 때 일어났다. "우리 교인들은 선교를 하거나 선교 프로젝트를 실행하려면 타 지역으로 가야 한다고 늘 생각했어요. 그런데 지역 교회들을 우리의 선교 대상에 포함시켰습니다. 그것이 우리 교회에 큰 영향을 미쳤어요."

지역 교회를 위한 선교 프로젝트는 심한 폭풍우가 몰아친 날 실행에 옮겨졌다. 네 구획 정도 떨어진 곳에 있는 한 교회가 폭풍으로 넘어진 나무들로 고충을 겪고 있었다. "폭풍우가 지나간 다음 1시간 이내에 우리는 전기톱을 준비한 현장 팀을 그곳으로 보냈어요." 로건은 활짝 웃으며 말했다. "그것은 우리 교인들에게 중요한 전환점이 되었어요. 우리는 다른 교회들을 사랑하며 섬기는 것을 선교의 일환으로 여기게 되었습니다."

공세적인 교회의 지도자는 코끼리를 먹는다

코끼리를 어떻게 먹을 수 있는가? '한 번에 한 입씩 먹는다.' 공세적인 교회 지도자들은 이 사실을 알고 있다. 그 과정이 종종 3보 전진에 2보 후퇴임을 이해한다. 그들은 보통 분위기 변화나 진전을 위해서는 3년에서 5년 정도의 기간이 걸린다고 생각한다.

대부분의 공세적인 교회 지도자가 새직기간을 가급적 길게 잡는 것도 바로 그 때문이다. 그들은 교회와의 관계를 긴 안목으로 본다. 난관에도 직면할 것임을 이해한다. 그러나 그들은 인내한다. 앞으로 나아간다. 오늘의 문제가 내일은 해결될 것을 그들은 알고 있다.

코끼리를 먹는 것은 쉽지 않다. 비유하자면, 다른 교회의 풀이 더 파랗게 보인다. 더 파란 풀을 찾아 떠나고 싶은 유혹을 받는다. 더 파란 풀을 얻을 기회가 없을지라도 떠나고 싶은 유혹이 생기기도 한다. 어디를 가든, 심지어 사역지를 구하지 못하더라도 현재 상태보다는 나을 거라고 생각하는 낙심의 때가 온다.

이 말을 잘 이해하기 바란다. 나는 한 교회에서 다른 교회로 결코 옮겨서는 안 된다고 말하는 것이 아니다. 하나님은 그렇게 이끌기도 하신다. 내 말은, 목사의 평균 재임기간이 효과적이며 지속적인 리더십을 발휘하기에는 너무 짧다는 것이다.

공세적인 교회의 지도자는 긴 안목으로 사역한다. 그들은 점증하는 변화와 진전을 도모한다. 처음에 들리는 몇몇 비판의 음성에 신경 쓰지 않는다. 그들은 교인들을 무조건적으로 사랑한다.

공세적인 교회의 지도자는 코끼리를 먹는다.

공세적인 교회의 지도자는 밖으로 넘쳐나도록 교회를 인도한다

잠시 전환 사이클로 되돌아가보자. 그 사이클의 세 가지 주요 지점은 다음과 같다.

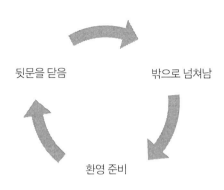

뒷문을 닫음 　　　　 밖으로 넘쳐남

환영 준비

'밖으로 넘쳐남'을 다시 생각해 보자. 여기 사용된 두 단어는 이 지점의 중요성을 이해하는 데 매우 중요하다. 첫째, '밖으로' 는 교회가 부단히 바깥을 내다보고 있음을 뜻한다. 교회 안에 있는 사람들을 위한 사역과 자원 활용에만 몰두하지 않는다. 사역을 정하고 마칠 때 교인들과 지도자들이 회중의 외부적인 노력을 스스로 검토한다.

두 번째 단어는 '넘쳐남'이다. 이 말이 다량의 지속적인 범람 을 뜻한다는 점을 명심하라. 이것은 일시적으로 진행되다 끝 나는 어떤 것이 아니다. 다량이 끊임없이 넘쳐나는 것이다. 당 신은 이 사실을 이해해야 한다. 문화적 기독교(기독교의 본질적 인 가르침을 따르기보다 단지 기독교적 가치와 문화를 인정하며 받아들이는 사람들이 말하는 기독교-역주)는 죽었다. 쉬운 성장은 끝 났다. 당신의 교회는 외부로 향하는 어떤 일을 지속적으로 행 해야 한다.

특별한 행사를 하거나 강조하는 때도 분명 있을 것이다. 그 러나 당신의 교회는 공세적이어야 한다. 외부로 지속적인 노 력을 기울일 방법을 찾아야 한다.

공세적인 교회의 지도자는 회중의 관심을 외부로 향하게 한 다. 정규적으로, 지속적으로, 열정적으로, 공세적인 교회는 밖 으로 넘쳐난다.

공세적인 교회의 지도자는 환영 준비를 갖춘다

반복되는 내용이지만, *Becoming a Welcoming Church* 라는 내 책을 다시 언급하고자 한다. 내가 이 책을 자주 거론하는 것 은, 이것을 쓰면서 공세적인 교회 지도자들의 이야기를 많이 참조했기 때문이다. 교인들의 눈을 외부로 돌리게 하는 중요 한 단계 중 하나는 손님의 눈으로 보게 하는 것임을 그들은 내 게 거듭 말했다.

"나는 우리의 관점을 바꾸기 위한 손쉬운 방안을 찾고 있었어요." 사라가 말했다. 사라는 쇼코라이프교회의 전도 사역 담당자다. 대략 140명 정도 모이는 이 교회는 지난 몇 년에 걸쳐 서서히 내부로 초점을 맞춰왔다. 다행히도 담임목사가 그 문제를 알아차리고 사라에게 외부로 향하는 일을 주도하게 했다.

"내가 처음 한 일은 불신자를 우리 교회에 초청하는 것이었어요." 사라가 열정적인 어투로 말했다. "내가 경험한 내용을 제직회에서 이야기했죠. 은혜롭게도 그것을 계기로 우리 모두의 눈이 열렸어요! 우리는 우리가 친절하며 배려심 있다고 생각했어요. 하지만 사실상 우리는 불친절하고, 배려심 없고, 때로는 무례하기까지 했습니다."

사라가 잠시 멈추었다 말을 이었다. "그러나 나는 교인들을 신뢰했고, 그들은 방어적인 태도를 바꾸기 시작했어요. 그들은 쇼코라이프교회가 사람들을 환영하는 교회로 변하길 원했어요. 그것이 우리의 티핑 포인트(tipping point, 인기가 없던 제품이 어떤 일을 계기로 폭발적인 인기를 끌게 되는 극적인 순간-역주)였죠. 그로 인해 우리는 다른 여러 방식으로도 외부에 초점을 맞추게 되었어요. 마침내 우리는 교회로 불러들인 사람들을 계속 머물게 하는 방안을 찾게 되었습니다."

쇼코라이프교회의 경우에는 전환 사이클 중 '환영 준비'에서 시작했다는 점이 인상적이다. 그 지점에서 시작해 그들은 '밖으로 넘쳐남'과 '뒷문을 닫음'도 강조하게 되었다. 여러 공세적인 교회에서 볼 수 있듯이, 전환 사이클 중 한 부분에 몰두하면 다른 부분도 더 건강해진다.

공세적인 교회의 지도자는
뒷문 닫는 일에 초점을 맞춘다

전환 사이클의 세 지점은 서로 배타적이지 않고 상호보완적이다. 교회가 더 많은 사람에게 다가가고, 더 많은 사람을 환영할수록, 다가가 환영한 그 사람들을 보존하려고 노력하게 된다.

앞에서 '뒷문을 닫음'에 대해 설명하면서 말했듯이, 공세적인 교회는 소그룹이나 주일학교 성인반을 강조하며, 새신자반에 우선순위를 둔다. 그들은 그런 모임에서 교회에 대한 정보를 제공할 뿐 아니라, 교인들에 대한 기대감도 피력한다. 즉 교인들의 사역 동참을 기대하면서 그들에 대한 기대 수준을 높인다. 그러면 사람들이 교회를 떠나지 않는다. 교인들은 변화를 일으키는 어떤 일에 동참하기를 원하게 된다.

공세적인 교회는 '뒷문을 닫음'에 초점을 맞춘다.

공세적인 교회의 지도자는
하나님이 그들을 포기하지 않으심을 믿는다

스가랴 4장을 보면, 여호와의 천사가 선지자이자 제사장인 스가랴에게 나타난다. 그 천사는 나약한 유다 총독 스룹바벨을 위한 메시지를 전해 준다. 당시 이스라엘은 독립국가가 아니라 페르시아의 속주였다. 따라서 스룹바벨은 왕이 아니라 총독이었다.

하나님이 스룹바벨에게 주신 임무는 분명했다. 하나님의 집을 재건하는 것이었다. 처음 2년 동안 성전 기초를 재건한 후, 공사가 17년 동안 중단되었다. 2년간 건설한 후 17년 동안 아무런 진전도 없었던 것이다.

스룹바벨이 성전 재건을 중단한 이유는 무엇일까? 그를 두렵게 하고(하거나) 무관심하게 만든 것은 무엇일까? 물론 재건 프로젝트를 방해하는 외부인들이 있었다(스 4:4). 그러나 방해 집단 하나가 어떻게 그토록 큰 힘을 발휘했을까? 왜 하나님의 성전 재건이 거의 20년 동안 중단되었을까? 두려움이 만연했던 이유가 무엇일까? 모두 낙심한 상태였을까? 외부의 대적보다 더 위험한 무관심이 팽배했을까?

기초만 놓인 채 17년 동안 공사가 중단된 성전 지대를 지나다니던 사람들의 대화를 상상할 수 있겠는가? 그들은 불평했을까? "수치스러운 일이야." 이렇게 말했을까? "누군가가 나서야 해."라고 말했을까?

혹은 건축이 중단된 성전에 너무 익숙해져 아예 무관심하게 외면했을 수도 있다. 마치 커다란 암석을 피해가듯 성전 지대를 돌아갔을 것이다.

그때 하나님이 말씀하셨다. 스룹바벨에게 직접 하시지 않고 선지자이자 제사장인 스가랴에게 말씀하셨다. 아마도 그것이 하나님이 주로 사용하시는 경로일 수 있다. 또는 스룹바벨이 들을 귀를 갖지 못했고, 두려움과 의심과 무관심으로 마음이 냉담해졌음을 하나님이 아셨을 수도 있다.

그러나 하나님은 말씀하셨다. 스가랴 4장 8-9절에 기록된 하나님의 말씀을 주의 깊게 읽어보라. "여호와의 말씀이 또 내게 임하여 이르시되 스룹바벨의 손이 이 성전의 기초를 놓았은즉 그의 손이 또한 그 일을 마치리라 하셨나니 만군의 여호와께서 나를 너희에게 보내신 줄을 네가 알리라 하셨느니라."

이해했는가? 스룹바벨의 두려움과 의심, 나약함, '냉담한에도 그는 성전 재건을 마칠 것이다. 그리고 하나님의 전이 완공된 후, 하나님이 그를 보내 성전을 짓게 하셨고 그 모든 일에 개입하셨음을 세상은 알게 될 것이다.

공세적인 교회의 지도자는 하나님이 그들을 포기하지 않으심을 알고 있다. 그들에게 호흡이 있는 한 하나님께서 그들을 통해 교회 세우기를 원하심을 알고 있다.

지역에서 가장 큰 교회여야 하는 건 아니다. 가장 근사한 시설을 갖춰야 하는 것도 아니다. 살아계신 하나님의 종들에게는 저마다 다양한 달란트가 주어진다. 하나님께 받은 달란트를 우리가 사장해서는 안 된다.

교회지도자와 교인들은 선교 현장에 있다. 이 선교 현장은

먼 곳에 있는 선교 현장보다 덜 중요하지 않다. 15,000킬로미터 떨어진 곳에 있는 선교 현장이 아홉 구획 떨어진 곳에 있는 선교 현장보다 더 중요하거나 덜 중요하지 않다.

사마리아와 땅끝은 중요하다. 그러나 예루살렘도 중요하다.

당신은 현재의 선교 현장으로 부르심받았다. 그 현장에서 당신의 달란트를 사용할 필요가 있다. 그것을 사용하라. 투자하라. 그것으로 변화를 일으키라. 그것을 사장하지 말라.

하나님이 성전을 건축하도록 당신을 부르셨다. 친히 그분의 손으로 그 일을 완성하실 것을 약속하셨다.

그러므로 가서 제자를 삼고 공세적인 교회로 만들자

공세적인.

활기찬.

끈질긴.

결단력 있는.

집요한.

지속적인.

이 책을 시작하면서 이 단어들을 나열했다. 그런데 우리는 여기에 수식어를 보태야 한다. 공세적인 교회는 활기차다. 끈질기다. 결단력 있다. 집요하다. 지속적이다. 그러나 이 모든 것은 '하나님의 능력 안에서만' 가능하다. 하나님의 능력을 힘입지 않으면 우리는 아무것도 할 수 없다. 반면 그분의 능력 안에서 우리는 모든 것을 할 수 있다.

이제 무기력에서 벗어날 때다. 공세적인 교회는 하나님의 능력 안에서 강력하게 움직인다.

"우리에겐 자원이 없어." 이런 불평을 멈출 때다. 공세적인 교회는 하나님께서 주신 모든 자원을 가지고 있음을 깨닫는다.

지역사회, 다른 교회, 교단, 문화 등에 대한 비난을 멈출 때다. 공세적인 교회는 그 어떤 상황이나 장애물보다 하나님이 더 위대하심을 안다.

비판자들이나 회의적인 시각을 지닌 사람들, 철저히 무관심한 자들이 있어도 담대함과 인내로 앞으로 나아갈 때다. 하나님이 우리에게 주신 단 한 번의 삶과 기회를 소중히 활용할 때다. 하나님이 우리와 함께하겠다고 약속하셨으므로 제자 삼는 일에 힘쓸 때다.

이제 때가 됐다. 공세적인 교회들이 각기 처한 곳에서 강력히 나설 때다. 하나님은 그 일을 위해 당신을 부르셨고, 친히 함께하실 것이다. 결국 그것은 공세적인 교회가 하는 일이다.

우리 교회의 비밀손님이 되기 위해 시간을 내주셔서 감사합니다. 당신의 수고가 우리에게 큰 도움이 됩니다. 어기 제시된 질문 중에서 대답할 수 있는 사항에 답해 주시면 감사하겠습니다.

지면이 부족할 경우에는 종이를 추가하거나 온라인 공간을 이용하시기 바랍니다. 이 설문지 내용과 관련해 궁금한 사항이 있으면 _____ 로 연락 바랍니다.

A. 이 교회에 오기 전에 교회의 위치와 예배시간을 알 수 있는 방편을 찾아보세요.

1. 이 교회에 웹사이트가 있나요? 만일 있다면 그것이 도움이 되나요? 어떻게 도움이 되나요?

_____

_____

_____

2. 그 웹사이트는 제시간에 교회에 도착하도록 안내하는 정보를 제공하나요?

_____

_____

_____

B. 차를 몰고 교회의 주차장으로 들어갈 때는 어떠했나요?

1. 교회 건물을 찾기가 힘들었나요? 교회 건물 근처로 자연스럽게 접근할 수 있었나요, 아니면 그것을 찾으려고 일부러 노력을 기울여야 했나요?

_____

_____

_____

2. 교회 건물을 처음 보았을 때 어떤 생각을 했으며, 어떤 인상을 받았나요?

_____

_____

_____

3. 교회 표지판이 있나요? 만일 있다면 그것이 도움이 되었나요?

_____

_____

_____

4. 손님 주차장이 따로 있나요? 만일 있다면 그것이 어떻게 표시되어 있나요? 손님 주차장으로 안내하는 표

지판이 있나요?

_____

_____

_____

5. 주차장에는 안내요원이 있나요?

_____

_____

_____

6. 주차장은 적절한 곳에 위치해 있나요? 교회 건물로
   들어가기에 편리한가요?

_____

_____

_____

7. 교회 차량을 타고 내리는 곳은 편리한가요? 비 오는
   날에도 편리하게 이용할 수 있도록 덮개가 설치되어

있나요?

_____

_____

_____

8. 교회 건물의 정문을 찾기가 쉬운가요? 예배 장소로
   들어가는 입구를 곧바로 알 수 있나요?

_____

_____

_____

C. 교회에 들어간 후에 다음 질문을 생각해 보세요.

1. 교회 건물 현관의 첫인상은 어떠한가요? 1점에서 5점
   까지 표시해 주세요.

마음이 끌리지 않음   마음이 끌림

   1   2   3   4   5

그 이유는 무엇인가요?

_____

냉랭한 분위기   따뜻한 분위기

1   2   3   4   5

그 이유는 무엇인가요?

_____

혼란스러움   편안함

1   2   3   4   5

그 이유는 무엇인가요?

_____

불친절함   친절함

1   2   3   4   5

그 이유는 무엇인가요?

_____

2. 예배 전후에 사람들이 모여 대화와 친교를 나눌 수 있는 적절한 공간이 있나요?

_____

_____

_____

3. 교회 건물의 여러 장소를 쉽게 찾아길 수 있나요?

_____

_____

_____

4. 손님을 환영하는 곳이 잘 표시되어 있나요?

_____

_____

_____

5. 적절한 표지판이 있나요?

_____

D. 소그룹에 참석한다면(우리 교회는 소그룹을 많이 강조합니다), 다음 질문에 답해 주시기 바랍니다.

1. 모임 장소로 안내해 주는 사람이 있나요?

_____

_____

_____

2. 그 모임에 처음 참석했을 때 어떤 느낌이었나요?

_____

_____

_____

3. 모임 공간은 다양한 연령의 그룹이 사용하고, 다양한

교수법을 활용하기에 충분할 정도로 넓은가요?

_____

_____

_____

4. 모임 장소에 별도의 표시가 있나요?

_____

_____

_____

5. 만일 당신이 어린 자녀를 둔 부모라면, 교회 안에서
   어린아이의 안전에 문제가 없나요?

_____

_____

_____

6. 어린 자녀를 맡길 때 어떤 느낌이었나요?

   [만일 불안을 느꼈다면 자녀를 맡기지 마시기 바랍니다]

_____

_____

_____

7. 소그룹 지도자들이 당신에 대한 정보(이름, 주소, 전화
   번호 등)를 파악했나요?

_____

_____

_____

8. 어린아이들이 있는 방이 안전하고 따뜻하게 느껴졌
   나요?

_____

_____

_____

9. 소그룹에 참석한 후 다음 사항을 평가해 보세요.
   a. 가르침의 수준

b. 친절함

c. 준비성, 즉 손님을 환영하며 받아들일 준비가 되어
있었나요?

10. 이 교회의 소그룹에 다시 참석할 생각이 있나요?

E. 예배실에 대한 질문입니다.

1. 예배실에 들어갔을 때 첫 느낌은 어떠했나요? 그 이
   유는 무엇인가요?

   _____

   _____

   _____

2. 이 공간에서 환영받는 느낌이 들었나요? 그 이유는
   무엇인가요?

   _____

   _____

   _____

3. 이 예배 공간을 통해 이 교회의 회중과 그들의 우선순
   위에 대해 무엇인가를 알 수 있나요?

   _____

   _____

4. 예배 모임을 위한 자료와 방법이 적절한 수준인가요?
   너무 무성의하거나 어수선하지 않은가요?

   _____

   _____

   _____

5. 예배 공간에 대한 점수를 1점에서 5점까지 표시해 주
   세요.

   빈약한 음향   훌륭한 음향

   1   2   3   4   5

   그 이유는 무엇인가요?

   _____

   불편하다   매우 편안하다

   1   2   3   4   5

그 이유는 무엇인가요?

_____

불친절하다   매우 친절하다

1   2   3   4   5

그 이유는 무엇인가요?

_____

평범한 건축물   창의적인 건축물

1   2   3   4   5

그 이유는 무엇인가요?

_____

싸늘하다   따뜻하다

1   2   3   4   5

그 이유는 무엇인가요?

_____

6. 손님으로서 당신은 어떤 면에서 불편했고, 어떤 면에서 환대를 받았나요?

_____

_____

_____

7. 교회에서 당신에게 인쇄물(주보나 예배안내서 등)을 제공했나요? 만일 그랬다면 그 인쇄물이 마음에 들었나요? 어떤 식으로든 그것이 예배에 도움을 주었나요?

_____

_____

_____

8. 전반적인 방문 경험을 평가해 보세요.

    a. 음악 수준

_____

b. 음악 스타일

_____

c. 회중의 친절함

_____

d. 설교 수준

_____

e. 분명한 인도 - 교회가 예배 참석자에게 기대하는
   것이 무엇인지 이해했나요?

_____

f. 광고나 설교 요약을 위해 파워포인트나 다른 매체
   를 사용하는지의 여부

_____

9. 예배 개선을 위해 한 가지를 제안한다면 무엇인가요?

10. 이 교회 예배에 다시 올 생각이 있나요?

F. 요약

1. 이번 방문을 통해 이 교회에서 받은 전반적인 인상은
어떠했나요?

_____

_____

_____

2. 이 교회를 다시 방문할 생각인가요? 그 이유는 무엇
   인가요?

_____

_____

_____

_____

_____

_____

이 교회에서 경험한 바를 솔직하게 기재해 주시기 바랍니
다. 협조해 주셔서 대단히 감사합니다.

_____ 교회

"내 주의 나라와 주 계신 성전과
피 흘려 사신 교회를 늘 사랑합니다."

_새찬송가 208장

살아나는 교회

초판 1쇄 발행 2021년 4월 21일
초판 3쇄 발행 2024년 10월 17일

지은이   톰 레이너
옮긴이   김태곤

펴낸이   곽성종
책임편집   방재경
디자인   투에스북디자인

펴낸곳   (주)아가페출판사
등록   제21-754호(1995. 4. 12)
주소   (08806) 서울시 관악구 남부순환로 2082-33 (남현동)
전화   584-4835(본사) 522-5148(편집부)
팩스   586-3078(본사) 586-3088(편집부)
홈페이지   www.agape25.com
판권   ⓒ (주)아가페출판사 2021
ISBN   978-89-537-9646-1 (03230)

아가페 출판사